北大版对外汉语教材 · 短期培训系列

速成汉语基础教程

Speed-up Chinese

主编 杨惠元

◆ 录音文本

◆ 参考答案

◆ 学习指导

· 听力课本 ·

Listening Book

3

学习指导

北京大学出版社
PEKING UNIVERSITY PRESS

CONTENTS

目录

第1课　这儿的菜是什么风味的？

学习目的

（一）训练学生听懂在饭店吃饭的话题。

（二）微技能训练：提高学生辨别分析的能力、联想猜测的能力和快速反应的能力。

学习内容

（一）14个生词，精听课文5段，泛听课文4段。

（二）辨音辨调，听辨句重音，听辨词语和句子。

一　听前练习

（一）语音练习

1. 听写音节

（1）
děnghòu　等候
děnghào　等号

（2）
jìnzhǐ　禁止
jìngzhǐ　静止

（3）
jiǎngjiū　讲究
jiāngjiù　将就

（4）
shíjiàn　实践
shíxiàn　实现

（5）
qióngrén　穷人
qiángrén　强人

（6）
dìdào　地道
yùdào　遇到

(7) yíngbīn 迎宾 / yìngbì 硬币　　(8) xíngzhèng 行政 / xíngzhuàng 形状

2. 辨别（在练习本上画出听到的音节）

等号　禁止　讲究　实现　强人　地道　硬币　行政

（二）词语练习

1. 听句子挑出生词，教师讲解生词

(1) 公共场所禁止吸烟。

(2) 这是地道的川菜。

(3) 川菜的特点是麻、辣、甜、咸、酸、苦、香7种味道都有。

(4) 苏东坡是宋朝的大诗人。

(5) 学习语言讲究多听、多说、多实践。

(6) 山本正是个名副其实的美食家。

(7) 日本人喜欢吃生鱼片。

2. 听句子，根据句意猜老师指出的词语（画线部分）的意思

(1) 金汉成、山本和贝拉坐在大厅里一边休息，一边等候彼得、艾米和大内。

(2) 山本正和金汉成是有钱人，我们是穷人。

(3) 这是名牌汽车，我可买不起。

(4) 怪不得别人说你是美食家，三句话离不开吃。

(5) 在一层餐厅门口，山本跟迎宾小姐谈话。

(6) 我们先来4个凉菜，再来6个热菜。

(7) 中国菜讲究色、香、味、形，颜色好、味道香、形状美。

(8) 上次是你付的钱。这次不能让你破费了，我来付钱吧。

(9) 你吃过宫保鸡丁和麻婆豆腐吗？

（三）句子练习

1. 快速口头回答

(1) 每天玩儿保龄球和高尔夫球你玩儿得起吗?

(2) 一个月玩儿一次你玩儿得起吗?

(3) 这种汽车不太贵,你买得起吗?

(4) 你买得起飞机吗?

(5) 你买得起房子吗?

(6) 你跟大内说好了吗?

(7) 你跟小王他们说好了吗?

(8) 你跟张老师说好了吗?

(9) 你跟你的女朋友说好了吗?

2. 听后完成句子

(1) 怪不得别人说你是球迷，三句话离不开……

(2) 怪不得别人说你是电影迷，三句话离不开……

(3) 怪不得别人说你是旅行家，三句话离不开……

(4) 怪不得别人说你是中国通，三句话离不开……

(5) 怪不得别人说你是集邮迷，三句话离不开……

二　听时练习

课文(一)

听前提示：这段课文一共有几个话题？是什么？

情景：金汉成、山本和贝拉在某饭店打完保龄球以后，坐在大厅里一边休息，一边等候彼得、艾米和大内。

贝　拉：金汉成，你的保龄球打得真不错!

金汉成：我上大学的时候常跟朋友们玩儿。不过我更喜欢打高尔夫球。
贝　拉：这些都是有钱人的运动，我们穷人可玩儿不起。山本，你喜欢玩儿什么？
山　本：我不喜欢玩儿，喜欢吃，喜欢吃好吃的。
贝　拉：怪不得别人说你是美食家，三句话离不开吃。哎，山本，你怎么在这儿抽烟？你看那个牌子。
山　本：对不起，我没看见。
贝　拉：公共场所禁止吸烟。你不知道吗？
山　本：这里是公共场所，我忘了。
金汉成：快戒烟吧，吸烟对身体没好处。
贝　拉：不但对自己的身体有害，而且影响别人的健康。
山　本：好好！本人决定从明天开始戒烟。唉，贝拉，你跟彼得他们说好了吗？
贝　拉：说好了。6点钟在一层大厅。
山　本：都6点10分了。他们怎么还不来？
金汉成：别着急，再等一会儿。

1. 听后口头回答问题

这段课文一共有几个话题？是什么？

2. 听后选择正确答案

（1）金汉成大学的时候常跟朋友们玩儿什么？

A. 保龄球　※　　B. 高尔夫球

（2）山本为什么在公共场所吸烟？

A. 这里没有禁止吸烟的牌子　　B. 他忘了这里是公共场所　※

（3）贝拉跟彼得他们说好了什么？

A. 6点钟在一层大厅见面　※　　B. 6点10分在一层大厅见面

3. 填空

上大学、吃、吃好吃的、看见、忘了、6点、6点10分

课文（二）

听前提示：他们决定去哪儿吃饭？

情景：在一层餐厅门口，他们跟迎宾小姐谈话。

服务员：你们好！欢迎欢迎！里边请！

山　本：请问，这儿的菜是什么风味的？

服务员：这是广东风味餐厅，是地道的粤菜。

山　本：你们喜欢吃蛇肉吗？

贝　拉：不吃，我最怕蛇了。

山　本：艾米，你呢？

艾　米：蛇是被保护动物，不能吃。

山　本：对，对。我也不喜欢吃蛇肉。

金汉成：我喜欢吃辣的。

服务员：对不起，我们这儿没有。二层有川菜餐厅和鲁菜餐厅。

山　本：我们去二层吧。（他们一边上楼一边谈话）你们知道四川菜有什么特点吗？

艾　米：不知道。你介绍介绍。

贝　拉：别着急，等一会儿。咱们一边吃一边听他介绍。

山　本：你们知道吗？中国菜不但好吃而且有学问，饭菜也是一种文化。

1. 听后选择正确答案

（1）一层餐厅是什么风味的餐厅？

A. 广东风味　※　　　B. 四川风味

（2）艾米怕蛇吗？

A. 怕　※　　　B. 不怕

（3）粤菜辣不辣？

A. 辣　　　B. 不辣　※

（4）二层有什么餐厅？

A. 粤菜餐厅。　　B. 川菜餐厅和鲁菜餐厅。※

2. 填空。

广东、被保护动物、二层、文化

课文（三）

听前提示：他们在饭店点什么菜？

情景：他们来到二层川菜餐厅，开始点菜。

服务员：你们一共几位？

山　本：6个人。我看看菜单。要这4个凉菜。

服务员：热菜点点儿什么？

山　本：我给你们点几个最有川菜特点的。小姐，要这4个。你们这儿还有什么拿手的好菜？

服务员：东坡肘子，我们的东坡肘子做得非常好。

山　本：行，再来个东坡肘子。

艾　米：我喜欢吃青菜。你点了吗？

山　本：好，再来个炒青菜。

服务员：你们喝点儿什么？

彼　得：咱们3个来瓶白酒吧？

金汉成：行。来瓶儿二锅头吧。

彼　得：京酒吧，在北京要喝京酒。

山　本：你们呢？啤酒还是别的饮料？

贝　拉：要3听青岛啤酒。

大　内：要燕京吧。北京人都爱喝燕京啤酒。

服务员：燕京啤酒是不错。还要别的吗？

山　本：不要了。我们先吃着，不够再要。

1. 听后选择正确答案

（1）山本点了几个热菜？

A. 四个　　　　B. 六个　※

（2）他们要了什么白酒？

A. 二锅头　　　　B. 京酒　※

（3）他们要了什么啤酒？

A. 青岛啤酒　　　　B. 燕京啤酒　※

2. 填空

6、4、4个、白酒、北京人

课文（四）

听前提示：他们一边吃一边谈什么？

情景：他们一边吃，一边谈川菜的特点。

贝　拉：这些菜味道都不错，以前我一个也没吃过。

山　本：以前我常吃清淡的菜，后来发现各种风味的中国菜都很好吃。

金汉成：山本，这个菜是用鱼做的吧？

山　本：不是，是用猪肉做的。这个菜有鱼的味道，所以叫鱼香肉丝。

大　内：我不喜欢吃猪肉，可是这个菜很好吃。

山　本：中国菜讲究色、香、味、形，颜色好、味道香、形状美。各个地方的风味不同，又有八大菜系。你们知道哪八大菜系吗？

彼　得：不知道。

山　本：有川菜、粤菜、鲁菜、苏菜、浙菜、闽菜、湘菜、徽菜。

艾　米：川菜有什么特点？

山　本：川菜的特点是麻、辣、甜、咸、酸、苦、香7种味道都有。

金汉成：我喜欢吃辣的。一边吃着麻辣鸡丝，一边喝着白酒，满头大汗，舒服极了。

彼　得：对，还可以治感冒。

艾　米：这个菜为什么叫东坡肘子？

山　本：这是用猪腿做的，猪腿也叫肘子。据说宋朝的大诗人苏东坡喜欢吃这个菜。后来人们就叫它东坡肘子了。

大　内：在吃的方面你知道的真多。

金汉成：跟他一起吃饭又能品尝美味佳肴，又能增长知识。

1. 听后口头回答问题

他们一边吃一边谈什么？

2. 听后判别正误

（1）山本以前只喜欢吃清淡的菜，现在各种风味的中国菜都喜欢吃了。（√）

（2）鱼香肉丝是用鱼做的。（×）

（3）讲究色、香、味、形的意思是颜色要好，味道要香，形状要美。（√）

（4）川菜的特点是麻、辣、甜、咸、酸、苦、香7种味道都有。（√）

（5）东坡肘子是宋朝的大诗人苏东坡做的肘子。（×）

（6）跟大内一起吃饭又能品尝美味佳肴，又能增长知识。（×）

3. 填空

不错、鱼、猪肉、特点、感冒、知识

课文（五）

听前提示：这段课文一共有几个话题？是什么？

情景：他们吃完饭以后，准备结账。

贝　拉：山本，你对中国菜怎么知道得这么多？

山　本：主要是实践，多吃，多看。多去品尝各种风味的菜肴，多看关于中国菜的书。

大　内：你真是个名副其实的美食家。

山　本：我这个美食家只会吃，不会做。

贝　拉：你吃过意大利菜吗？我做意大利面条很拿手。

山　本：什么时候请我们尝尝你做的面条？

贝　拉：没问题。

金汉成：咱们学校西门有一家韩国风味餐厅刚刚营业，明天去那儿品尝品尝好不好？

贝　拉：你们韩国菜是不是也很辣？

金汉成：你想吃吗？实践一下就知道了。

山　本：小姐，结账。

服务员：一共396块。你这是400。

山　本：不用找了。

服务员：谢谢，几位慢走，欢迎再来。

1. 听后口头回答问题

这段课文一共有几个话题？是什么？

2. 听后判别正误

(1) 山本对中国菜知道得很多因为他实践的机会多。　(√)

(2) 山本是个名副其实的美食家。　(√)

(3) 贝拉做意大利面条很拿手。　(√)

(4) 学校东门有一家韩国风味的餐厅刚刚营业。　(×)

(5) 这顿饭一共花了369块。　(×)

3. 填空

吃、看、面条、西门、396、400

三　听后练习

(一) 听下面的短文

昨天晚上，山本、大内、艾米、贝拉、彼得和金汉成去南海饭店吃饭。

他们来到二层川菜餐厅，先要了4个凉菜，又要了6个热菜。这个餐厅的东坡肘子非常拿手。东坡肘子是用猪腿做的。据说宋朝的大诗人苏东坡喜欢吃这个菜，后来人们就叫它东坡肘子了。他们还要了一瓶京酒和三听燕京啤酒。大家一边吃着美味佳肴，一边听山本介绍川菜的特点。山本说："中国菜讲究色、香、味、形，要颜色好，味道香，形状美。川菜的特点是麻、辣、甜、咸、酸、苦、香7种味道都有。"山本对中国菜知道得很多，跟他一起吃饭能够增长知识。他是一个名副其实的美食家。

（二）听后快速口头回答问题

（1）昨天晚上山本他们去哪儿吃饭？

（2）川菜餐厅在几层？

（3）他们要了几个凉菜几个热菜？

（4）这个餐厅的什么菜非常拿手？

（5）他们要了什么白酒和啤酒？

（6）山本说中国菜讲究什么？

（7）川菜的特点是什么？

（8）跟山本一起吃饭有什么好处？

（三）听后说出这个短文跟课文（二）（三）（四）有什么不同？

（四）复述这个短文

四 泛听练习

（一）你请客，我付钱

山本：王老师，快到吃饭的时间了，您怎么还在工作哪？

王欢：马上回去。找我有事吗？

山本：学校东门新开了一家日本风味的餐厅，咱们一块儿去尝尝吧！
王欢：有什么特别的吗？
山本：听说那儿的生鱼片特别受欢迎，您不是喜欢吃生鱼片吗？
王欢：去可以，不过这次不能让你破费了。我来请客。
山本：行，你请客，我付钱。

听后判别正误

(1) 快到吃饭的时间了，王老师还在工作。（√）
(2) 学校西门新开了一家日本风味的餐厅。（×）
(3) 山本请王欢去吃生鱼片。（√）
(4) 王欢不想让山本付钱，他想请客。（√）
(5) 山本说："行，我请客，你付钱。"（×）

(二)宫保鸡丁

在二层川菜厅，山本一边吃一边继续介绍。山本说："你们知道这个菜为什么叫宫保鸡丁吗？宫保鸡丁是用鸡肉做的。宫保是一个人的名字。他家很有钱，他的一个厨师是从四川来的。这个厨师炒的鸡丁特别好吃，来他家的客人都喜欢吃。因为常吃这个菜，大家就给它起了一个名字叫宫保鸡丁。"贝拉听了以后问："那麻婆豆腐是不是麻婆做的豆腐？"山本说："你猜对了。"

听后选择正确答案：这个课文告诉我们什么？

A. 宫保鸡丁是用鸡肉做的。
B. 宫保鸡丁是宫保做的。
C. 麻婆豆腐是麻婆做的豆腐。
D. 宫保鸡丁的来历。※

（三）不能吃

阿里是外国学生，他刚来中国，第一次去饭馆吃饭。服务员给他拿来菜单，可是他不认识菜单上的汉字，怎么办呢？他想，我指哪个菜名就让服务员拿哪个菜。行，这个办法很好。想到这儿，他就往菜单上指了一下，说："要这个！"服务员看到他指的字就笑了。阿里问他为什么笑，服务员说："这是我们饭馆的名字，不能吃。"

听后选择正确答案

（1）阿里去饭店吃饭，不认识菜单上的汉字，他怎么办？

A. 他请服务员帮他点菜。

B. 他用手指菜单上的汉字。※

（2）阿里指菜单上的字，服务员为什么笑了？

A. 阿里指的汉字是饭馆的名字。※

B. 服务员觉得阿里的样子很可笑。

（四）我正在非洲

妈妈走进房间里来，让两个女儿帮她准备午饭。这时候，姐姐正在看一本介绍非洲的书，妹妹正在看电视。妹妹听见妈妈叫她们，就走进了厨房。过了几分钟，她回来了，叫姐姐去帮妈妈干活儿。姐姐说："我不在家，现在我正在非洲。这里有各种各样的动物，还有很多美丽的花儿。真漂亮啊！"妹妹听了以后去厨房拿了一块蛋糕出来，一边吃一边继续看电视。姐姐看见妹妹吃东西，就问她："你在吃什么？"妹妹说："我在吃蛋糕，这已经是第二块了。刚才我吃的是自己的，现在吃的是你的。"姐姐一听，生气地说："你为什么吃我的蛋糕？"妹妹回答："是妈妈给我的。她说不知道你什么时候才能从非洲回来，时间长了，蛋糕会坏的。"

听后判别正误

(1) 妈妈让两个女儿帮她准备午饭。(√)

(2) 姐姐正在看电视，妹妹正在看一本介绍非洲的书。(×)

(3) 妹妹帮助妈妈，姐姐没帮助妈妈。(√)

(4) 姐姐现在正在非洲，那里有很多动物，也有很多漂亮的花儿。(×)

(5) 妹妹吃了姐姐的蛋糕，因为姐姐在非洲不能回来。(×)

第2课　墙上这张照片是——

学习目的

（一）训练学生听懂关于家庭的话题。

（二）微技能训练：提高学生辨别分析的能力、联想猜测的能力和快速反应的能力。

学习内容

（一）15个生词，精听课文5段，泛听课文5段。

（二）辨音辨调，听辨句重音，听辨词语和句子。

一　听前练习

（一）语音练习

1. 听写音节

(1) yǎnjìng 眼镜 / yǎnjing 眼睛

(2) xiàngcè 相册 / xiàncè 献策

(3) tiānzhēn 天真 / tiānzhì 添置

(4) shǒuyì 手艺 / shòuyì 受益

(5) qūbié 区别 / xībié 惜别

(6) páiháng 排行 / páihào 牌号

(7) qīnmì 亲密 / qíngmiàn 情面

(8) jiēshi 结实 / jiěshì 解释

2. 辨别（在练习本上画出听到的音节）

眼睛、相册、天真、受益、惜别、排行、亲密、解释。

（二）词语练习

1. 听句子挑出生词，教师讲解生词

（1）你们仨是什么时候开始戴眼镜的？

（2）这是亮亮的相册，你看他那天真的样子多可爱。

（3）你做饭的手艺怎么样？

（4）你能把这两个词的意思区别开吗？

（5）中国人用大哥、二哥、三哥、四哥表示排行。

（6）方云天的卧室布置得挺整齐，墙上还有一幅名人的字画。

（7）这个月我买了一台录像机，又买了一台打印机。

（8）我们学校老师和学生的关系都非常亲密。

（9）他买的皮鞋真结实，还挺便宜。

（10）我们家的亲戚都在北京。

2. 根据听到的内容把左边和右边相关的词语用直线连起来：（戴眼镜、区别意思、布置客厅、表示排行、手艺不错、一本相册、二幅字画儿、天真的孩子、亲密的朋友、结实的房子）

戴	不错
区别	排行
布置	眼镜
表示	相册
手艺	意思
一本	孩子
一幅	房子
天真的	客厅
亲密的	字画
结实的	朋友

（三）句子练习

1. 听句子，听后做替换练习

（1）这个穿白衬衫的是谁？（穿黑衣服、穿红裙子、戴眼镜、留胡子、抱孩子、坐在中间、站在你旁边、坐在你妈妈右边）

（2）这3个女的是你姨吧？（女的、姑姑；女的、姐姐；女的、妹妹；女的、嫂子；男的、叔叔；男的、哥哥；男的、老师；男的、同学）

（3）谁先回来谁做饭。（回来、去买菜；回来、接孩子；起床、收拾房间；起床、做早饭；做完练习、回答；吃完饭、先回宿舍；到教室、坐在前边；报名、参加比赛）

（4）我们管爸爸的哥哥叫大爷。（爸爸的弟弟、叔叔；爸爸的姐姐、姑姑；妈妈的哥哥、舅舅；妈妈的姐姐、姨；哥哥的爱人、嫂子；姐姐的爱人、姐夫）

2. 听句子，判别正误

（1）那时候我还没戴眼镜呢。意思是那时候我没有眼镜。（×）

（2）那时我妈妈还没结婚呢。意思是那时候当然没有我。（√）

（3）亮亮五岁，明年该上学了。意思是他六岁可以上学。（√）

（4）我不想要孩子，两个人的世界多好！“两个人的世界”意思是只有夫妻两个人的家庭。（√）

（5）王欢的爱人说：“我先生做饭的手艺比我好。”这里“先生”的意思是老师。（×）

（6）用电脑写东西真方便，可以不用笔了。意思是用电脑写字，就可以不用练习写汉字了。（×）

二 听时练习

课文（一）

听前提示：王欢家有什么人？

情景：山本、大内、艾米和金汉成在王欢家。山本和大内看墙上的照片。

大内：王老师，墙上这张照片是——

王欢：我们的全家福，是10年前照的。

山本：你们家的人真多。

大内：坐在前边中间的一定是你爷爷、奶奶吧？

王欢：对，左边是我爸爸、妈妈，右边是叔叔和婶子。

山本：后边的这两个女的是谁？

王欢：我姑姑。

大内：王老师，哪个是你？

山本：这个穿白衬衫的是吧？

王欢：不对，那是我大哥。

山本：这个戴眼镜的是。

王欢：也不对，那时候我还没戴眼镜呢。

山本：他是谁？

王欢：我二哥。

大内：你们仨长得真像！

1. 听后选择正确答案

（1）照片里提到几个人？

A. 8个　　B. 9个　　C. 10个　　D. 11个　※

（2）王欢的姑姑在哪儿？

A. 前边　　B. 后边　※　　C. 左边　　D. 右边

（3）穿白衬衫的是谁？

A. 王欢　　B. 他大哥　※　　C. 他二哥　　D. 他姑姑

（4）戴眼镜的是谁？

A. 王欢　　B. 他大哥　　C. 他二哥　※　　D. 他姑姑

2. 填空

10年、奶奶、姑姑、大哥、二哥

课文(二)

听前提示：王欢的姥姥家有什么人？

情景：艾米和金汉成在王欢家看一本相册。

金汉成：这张照片人也不少。

王　欢：这是我姥姥家。

艾　米：这个是你妈妈吧？

金汉成：我猜，这两个是你舅舅，对不对？

王　欢：对，对，你们都很聪明。

艾　米：你妈妈真漂亮。

金汉成：这3个女的是你姨吧？

王　欢：这两个是舅妈。这个是我大姨。你看，她跟我姥姥长得多像。

艾　米：这个男的呢？

王　欢：我的大姨父。

金汉成：王老师，这里边怎么没有你？你在哪儿？

王　欢：那时我妈妈还没结婚呢。

1. 听后选择正确答案

(1) 他们看照片的时候提到几个人？

A. 6个　　B. 7个　　C. 8个　※　　D. 9个

(2) 照片里有几个男人？

A. 2个　　B. 3个　※　　C. 4个　　D. 5个

(3) 照片里有几个女人？

A. 2个　　B. 3个　　C. 4个　　D. 5个　※

(4) 艾米和金汉成猜对了吗？

A. 猜对了　※　　B. 没猜对

2. 填空

姥姥、女的、结婚

课文（三）

听前提示：同学们和王欢谈什么？

情景：山本和大内一边看照片，一边评论，他们谈到家庭的人口。

大内：你们看，这张照片照得多好。

山本：可不是，你看亮亮天真的样子多可爱。

王欢：这是他一岁半照的。

大内：亮亮今年几岁了？

王欢：五岁了。明年该上学了。

山本：王老师，你想不想要第二个孩子？

王欢：不想。一个孩子挺好。

山本：为什么？

王欢：我喜欢三口之家的小家庭。你们日本人不也是这样吗？

山本：年轻人跟你一样，喜欢人口少，可是有的老人还喜欢四世同堂的大家庭。

大内：我也喜欢小家庭，人少，矛盾少，家务事也少。

山本：那你是不是不想要孩子？

大内：当然了，两个人的世界多好！你喜欢要很多孩子？

山本：最少五个。等我老了，儿子、女儿、儿媳妇、女婿，还有很多孙子、孙女、外孙子、外孙女都来看我，我们一起玩儿，那多热闹，多幸福。

大内：热闹是热闹，幸福可不一定。

1. 听后选择正确答案

（1）王欢有几个孩子？

A. 1个　※　　B. 两个

C. 3个　　D. 4个

（2）他们看的照片是亮亮几岁照的？

A. 1岁　　B. 1岁半　※

C. 5岁　　D. 5岁半

(3) 在日本有的老人喜欢什么样的家庭?

A. 两个人的世界　　B. 三口之家　　C. 四世同堂 ※

(4) 大内喜欢什么样的家庭?

A. 两个人的世界 ※　　B. 三口之家　　C. 四世同堂

(5) 大内觉得人多的家庭怎么样?

A. 热闹,幸福

B. 热闹,不一定幸福 ※

C. 不热闹,不幸福

2. 填空

一岁半、三口、两个人的、不一定

课文(四)

听前提示:他们谈什么话题?

情景:快中午了,王欢准备做饭,山本、大内和王欢谈男人做饭的话题。

王欢:时间不早了,我去做饭。你们尝尝我的手艺。

大内:你也会做饭?

王欢:男女平等,女人会的男人都会。

山本:平常你们家谁做饭?

王欢:午饭我做,晚饭谁先回来谁做。

山本:那你爱人一定先回来。

王欢:哪儿啊?一个星期有5天我先回来。

山本:我知道了。那星期六、星期日谁做呢?

王欢:一般情况午饭在外边吃,晚饭我做。

山本:原来天天都是你做饭哪?你爱人做什么?

王欢:她收拾桌子、洗碗什么的。

大内:像王老师这样的丈夫真是打着灯笼也难找。

王欢:不难找。在中国像我这样的男人到处都有。

山本：你想找吗？我给你介绍一个。

大内：那得问我男朋友同意不同意。

1. 听后选择正确答案

(1) 大内说："你也会做饭？"这样的语气表示什么？

A. 高兴　　B. 奇怪 ※　　C. 生气　　D. 着急

(2) 王欢一个星期做几天饭？

A. 4天　　B. 5天　　C. 6天　　D. 7天 ※

(3) 王欢的妻子一周有几天比王欢先回家？

A. 两天　　B. 5天　　C. 6天　　D. 没有 ※

(4) 王欢的妻子在家里做什么？

A. 做饭　　B. 收拾桌子

C. 洗碗　　D. 收拾桌子和洗碗 ※

(5) 大内说："那得问我男朋友同意不同意。"意思是什么？

A. 她的男朋友要是同意，她就在中国再找一个

B. 她的男朋友不会同意她在中国再找一个 ※

2. 填空

男女、5天、午饭、丈夫、男朋友

课文(五)

听前提示：他们谈什么话题？

情景：饭做好了，王欢和艾米一边吃饭，一边谈中国人的家庭关系。

艾米：我看小说、听故事的时候，常常看到、听到二大爷、三叔、七姑、八姨什么的，这是怎么回事？

王欢：你们管爸爸的哥哥叫什么？

艾米：uncle.

王欢：妈妈的哥哥呢？

艾米：也叫uncle.

王欢：对呀，你说“my uncle”，我不知道是你爸爸的哥哥还是你妈妈的哥哥。中国人就把它区别开了。我们管爸爸的哥哥叫大爷，管爸爸的弟弟叫叔叔；管妈妈的哥哥和弟弟叫舅舅。为了表示排行，可以叫大舅、二舅、三舅。

艾米：姑姑和姨呢？

王欢：姑姑是爸爸的姐姐或妹妹，姨是妈妈的姐姐或妹妹。她们结婚以后也叫姑母、姨妈什么的。还有，大爷的爱人叫大妈，叔叔的爱人叫婶儿，舅舅的爱人叫舅妈。

艾米：这些我们都叫aunt.

王欢：姑姑的丈夫我们叫姑父，姨的丈夫叫姨父。大姑、二姑、三姑、四姑，大姨、二姨、三姨、四姨，也是表示排行。

艾米：二大爷、三叔、七姑、八姨，中国人的家庭关系真复杂。

王欢：现在就简单了。

艾米：怎么？

王欢：一对夫妇只生一个孩子，不就简单了吗？

1. 听后选择正确答案

(1) 艾米什么时候常常听到二大爷、三叔、七姑、八姨？

A. 看小说的时候

B. 听故事的时候 ※

C. 看小说和听故事的时候

(2) 中国人管爸爸的弟弟叫什么？

A. 大爷　　B. 叔叔 ※　　C. 舅舅　　D. 姑父

(3) 中国人管妈妈的哥哥叫什么？

A. 大爷　　B. 叔叔　　C. 舅舅 ※　　D. 姑父

(4) 中国人管妈妈的妹妹叫什么？

A. 姑姑　　B. 姑母　　C. 姨妈 ※　　D. 舅妈

(5) 中国人管姑姑的丈夫叫什么?

A. 姑父　※　　B. 姨父　　C. 姐夫　　D. 舅舅

2. 填空

哥哥、哥哥、哥哥、哥哥、姐姐、姐姐、丈夫、丈夫、孩子

三　听后练习

(一) 快速口头回答问题

1. 10年前王欢的家是大家庭还是小家庭?
2. 王欢的爸爸有几个弟弟?
3. 王欢的妈妈有几个姐姐?
4. 什么是两个人的世界?
5. 什么是三口之家?
6. 什么是四世同堂?
7. 你喜欢哪种家庭?
8. 你会做饭吗?
9. 在你们家谁做饭?
10. 你做什么?

(二) 根据某人是父母的什么亲属快速说出应对这个人称呼什么

1. 爸爸的爸爸、爸爸的妈妈、妈妈的爸爸、妈妈的妈妈
2. 爸爸的哥哥、爸爸的弟弟、爸爸的姐姐、爸爸的妹妹
3. 爸爸的二哥、爸爸的三哥、爸爸的四弟、爸爸的五弟
4. 爸爸的大姐、爸爸的二姐、爸爸的五妹、爸爸的六妹
5. 妈妈的大哥、妈妈的二哥、妈妈的大姐、妈妈的四妹

四 泛听练习

(一)王欢家布置得怎么样？

贝拉：艾米，听说昨天你们去王欢家了。

艾米：我和山本、大内，还有金汉成一起去的。

贝拉：我没去过王老师家，他家布置得怎么样？

艾米：挺整齐，也挺漂亮。客厅里有两个大沙发，沙发前边是茶几。地上铺着新地毯，墙上挂着全家福照片，还有一台40吋彩电。

贝拉：卧室呢？卧室你们去了吗？

艾米：卧室不大，可是很干净。他们的卧室也是书房，写字台上放着电脑和打印机，平时王老师写东西都用电脑，不用笔了。

贝拉：以后咱们也买电脑，就不用练习写汉字了。

艾米：不行，不练习写汉字，会用电脑吗？

听后判别正误

(1) 艾米昨天去王欢家了，她是一个人去的。 (×)

(2) 王欢家布置得很整齐，也很漂亮。 (√)

(3) 他家的客厅不大，可是很干净。 (×)

(4) 王欢平时写东西用电脑，不用笔了。 (√)

(5) 用电脑就可以不练习写汉字了。 (√)

(二)“先生”

金汉成：你以前告诉我，“先生”是对男人的称呼。昨天晚上我看电视，一位女士来了，大家都说：“王先生好！”对女士怎么也称呼“先生”呢？

方云天：“先生”有老师的意思。那个女士是不是年纪比较大？

金汉成：对，年纪很大。

方云天：对年纪大、有学问的女士，比如老教授、老专家可以称呼“先生”。

金汉成：昨天的电视里还有一个男的对一个女的说："你先生没跟你一起来？"那个女的说："他今天不舒服，没有来。"你们说的也是老师吗？

方云天：不是。"先生"还有丈夫的意思。那个男的是问她的丈夫，女的说她的丈夫不舒服。

金汉成："先生"有丈夫的意思，也有老师的意思，怎么区别呢？

方云天：表示老师和称呼的时候，"先生"前边常有姓，比如"张先生"、"王先生"、"李先生"等等。在一定的语言环境里，女的说"我先生"或者男的对女的说"你先生"，是丈夫的意思。

金汉成：我明白了，王欢老师的爱人说："我先生做饭的手艺比我好。"是夸奖她的丈夫。

方云天：对了。

听后选择正确答案

(1) 对什么样的女士可以称呼"先生"？

A. 年纪大的女士

B. 有学问的女士

C. 年纪大又有学问的女士　※

(2) 王欢的妻子说："我先生做饭的手艺比我好。""先生"是什么意思？

A. 老师　　B. 丈夫　※　　C. 称呼

(三)三家的客厅

方龙家的客厅里有一个大沙发。沙发前边放着一个茶几，茶几上有一个花瓶，花瓶里有一束鲜花。墙上挂着一张山水画儿。

王欢家的客厅里有两个大沙发。沙发前边是两个茶几，茶几上放着很多水果。地上铺着新地毯，墙上挂着一张全家福大照片。

白华家的客厅里有一对小沙发。沙发中间是一个小茶几，茶几上放着一套漂亮的茶具。墙上挂着一幅名人的字画儿。

听后选图（在每张图的下面写上这是谁的家）

图1是王欢 的家。

图2是白华的家。

图3是方龙的家。

(四)住四合院的好处

听前提示：这段话主要告诉我们什么？

我觉得住四合院十分方便，不用上楼下楼，也不用往楼上搬东西。而且四合院都有一个大院子，可以种花、种草，也可以散步、休息、打太极拳。如果几家合住一个四合院，大家互相帮助，人和人的关系特别亲密。平时院子里总是有人，你家没人，他家有人，每天去上班觉得非常安全。四合院的房子不像楼房那么高，比较结实，要是坏了，修理的时候也很容易。

听后选择正确答案

这段话主要告诉我们什么？

A. 四合院的情况　　B. 住四合院的好处　※

C. 四合院房子的特点　　D. 四合院比楼房结实

第3课　你好点儿了吗？

学习目的

（一）训练学生听懂看望病人的话题。

（二）微技能训练：提高学生辨别分析的能力、联想猜测的能力和概括总结的能力。

学习内容

（一）16个生词，精听课文5段，泛听课文6段。

（二）辨音辨调，听辨句重音，听辨词语和句子。

一　听前练习

（一）语音练习

1. 听写音节

（1）tóngshí 同时 / tóngshì 同事

（2）bǐjì 笔记 / bǐjià 比价

（3）ānxīn 安心 / gānxīn 甘心

（4）yǎngbìng 养病 / yǎngbīng 养兵

（5）zuòwèi 座位 / zuòwéi 作为

（6）sǐshén 死神 / shīshén 失神

（7）yǒuyì 有意 / yóuyú 由于

（8）jīchǎng 机场 / jùchǎng 剧场

2. 辨别（在练习本上画出听到的音节）

同时、笔记、甘心、养兵、作为、死神、有意、剧场。

（二）词语练习

1. 听句子挑出生词

（1）踢足球的时候，方云天的腿摔坏了，是骨折。

（2）方云天跟那个日本人住在一个病房，这是医院有意安排的。

（3）明天王才去医院看方云天，同时把笔记给他带去。

（4）你安心养病，不要着急，我们常来看你。

（5）坐汽车去首都机场至少要半个小时。

（6）快到终点站了，车上有很多座位。

（7）你们俩别争了。

（8）死神给他开了毒药，请他去见上帝。

2. 根据听到的内容把左边和右边相关的词语用直线连起来：（摔坏腿、有意安排、记笔记、安心休息、在家养病、首都剧场、至少半年、我的座位、坐到终点站、吃毒药、遇见死神、去见上帝）

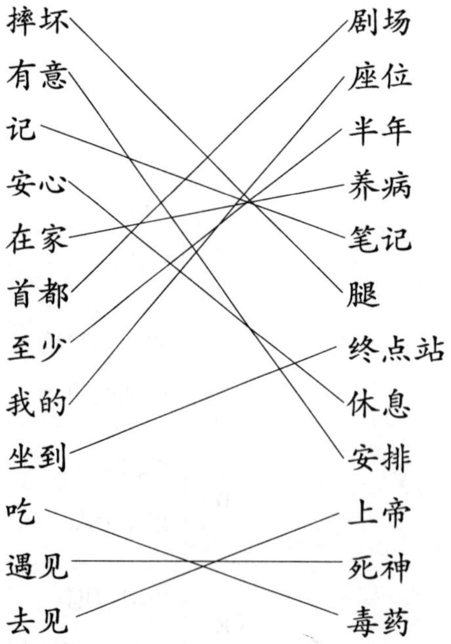

3. 听句子，根据句意猜老师指出的词语的意思

(1) 这是谁的录音磁带？这是我的录音带。

(2)前边红灯，快停下。

(3) 红灯不能左拐，右拐可以。

(4) 这个公园不收门票。

(5) 你知道电梯在哪儿吗？

(6) 方云天的病友是个日本人。

(7) 一直往前走，到第二个红绿灯向右拐。

(8) 彼得走到一个三岔路口，不知道该走哪条路。

(9) 那个老人走到石头后面，露出头来。

(三) 句子练习

听后模仿

(1) 我说怎么好几天没看见他了呢。

我说怎么好几天没遇见他了呢。

我说怎么好几天没接到他的电话了呢。

我说怎么好几个月没接到他的信了呢。

(2) 你们来看看就行了,还买什么东西?

你们来看看就行了,还带什么礼物?

你们来看看就行了,还买什么礼物?

你们来看看就行了,还买什么水果?

(3) 看来还是王才最了解我。

看来还是王才最关心我。

看来还是王才最不怕冷。

看来还是王才最喜欢踢足球。

(4) 医院再好也不如学校。
学校再好也不如家里。
别的国家再好也不如自己的国家。
别人的孩子再好也不如自己的孩子。

二 听时练习

课文(一)

听前提示：丁兰为什么来到大内的宿舍？

情景：丁兰想去医院看方云天，来到大内的宿舍借MP3。

丁 兰：大内，你的MP3里有日语歌曲吗？

大 内：有，你想听啊？

丁 兰：不是，方云天住院了，他在医院很寂寞，想听日语歌曲。

大 内：方云天住院了？他怎么了？

丁 兰：你还不知道啊？上个星期踢足球的时候，把腿摔坏了，是骨折。

大 内：没人告诉我呀！我说怎么好几天没看见他了呢。

丁 兰：今天下午我去医院看他。顺便借你的MP3给他带去，让他听听。

大 内：正好我也没事，跟你一起去吧。

丁 兰：好。

大 内：咱们怎么去？

丁 兰：坐公共汽车怎么样？

大 内：公共汽车挤得要死，而且路上堵车很厉害，骑车去吧。

丁 兰：骑车去，你行吗？你刚学会骑车，马路上车多得要命。

大 内：没问题，前天我就自己骑车进城了。

1. 听后判别正误

(1) 丁兰想听日语歌曲，她找大内借MP3。 (×)

（2）方云天上个星期踢足球的时候，把腿摔坏了，他住院了。（√）

（3）丁兰今天下午去看方云天，大内要跟她一起去。（√）

（4）她们不坐公共汽车，因为马路上车多，汽车开得很慢。（√）

2. 填空

日语、日语、上个、下午、骑车、前天

课文(二)

听前提示：去医院怎么走?

情景：丁兰和大内在去医院的路上。

大内：小丁，你知道怎么走吗?

丁兰：知道。今天我带你走条近路。

大内：红灯！别走了！

丁兰：咱们往右拐，没关系。

大内：没关系？那儿有警察，抓住得交罚款。

丁兰：红灯不能左拐，右拐可以。

大内：是吗？我一看见红灯就停下来。

丁兰：这次知道了吧?

大内：知道了。还远吗?

丁兰：不太远了，一直走，到前边第二个十字路口向左拐，再骑10分钟就到了。

大内：这条路真不错，人很少。

丁兰：前边更好。你看，那儿有一个湖，咱们顺着湖边走。

大内：还有小树林呢！这不是公园吗?

丁兰：是，可是不收门票。

1. 听后判别正误

（1）大内带丁兰走一条近路。（×）

(2) 大内骑自行车一看见红灯就停下来。 (√)

(3) 红灯可以左拐，不能右拐。 (×)

(4) 从学校到医院骑车10分钟就到了。 (×)

(5) 她们走的路人很少。 (√)

(6) 她们经过一个不收门票的小公园。 (√)

2. 填空

近路、右拐、二、10、公园

课文(三)

听前提示：方云天住哪个病房？

情景：丁兰和大内来到医院。

大内：你知道他住哪儿吗？

丁兰：好像是40病房14床，不对，是14病房40床吧？

大内：我哪儿知道？

丁兰：哎呀，我怎么忘了？

大内：没关系，那儿是住院处，咱们去问问。

丁兰：大夫，请您帮忙查一下，有个叫方云天的住几号病房？

大夫：方云天？什么病？哪个单位的？

丁兰：骨折。语言大学的学生。

大夫：住14病房。

大内：14病房在哪儿？

大夫：7楼。从前边向左拐，那儿有电梯。

大内：谢谢您！

1. 听后判别正误

(1) 方云天住40病房14床。 (×)

(2) 方云天住14病房40床。 (√)

(3) 丁兰忘了方云天住几号病房。 (√)

(4) 住院处知道方云天住几号病房。　　(√)

(5) 14病房在7楼。　　(√)

(6) 从前边向右拐有电梯。　　(×)

2. 填空

40、14、14、40、住院处、学生、14、14、7

课文(四)

听前提示：方云天的病怎么样了？

情景：丁兰和大内来到方云天的病房。

丁　兰：你看，40床，方云天。

方云天：你们怎么来了？

大　内：你好点儿了吗？

方云天：好多了。

丁　兰：还疼不疼？

方云天：有一点儿，不怎么疼了。快坐，这儿有椅子。

大　内：你别管了，我们自己来。

丁　兰：王才说你住院了，前几天就想来看你，可是这个星期又是运动会又是考试，实在太忙。

大　内：我今天才知道你住院了。小丁说你想听日语歌曲，这是日语MP3。

方云天：太谢谢你们了。

丁　兰：这是同学们给你买的水果。

方云天：你们来看看就行了，还买什么东西？

丁　兰：对了，还有王才给你买的《足球报》，昨天刚出的。

方云天：看来还是王才最了解我。

1. 听后判别正误

(1) 方云天的腿好多了，已经不疼了。　　(×)

(2) 丁兰听王才说方云天住院了。 (√)
(3) 丁兰这个星期特别忙。 (√)
(4) 大内今天才知道方云天住院了，她给方云天带来日语MP3。 (√)
(5) 丁兰给王才买了水果。 (×)
(6) 王才给方云天买了新出的《足球报》。 (√)
(7) 方云天最喜欢王才给他的礼物。 (√)

2. 填空

40、好多了、自己、日语、水果、足球、了解

课文(五)

听前提示：方云天觉得在医院怎么样？

情景：丁兰和大内继续跟方云天谈话。

丁　兰：大夫怎么给你治？

方云天：打针、吃药。你们看，这么多药。

大　内：这个医院的环境不错，又干净又漂亮。

方云天：是啊，大夫、护士也非常热情。

丁　兰：食堂的饭菜怎么样？

方云天：不错，有肉有青菜，米饭、馒头、饺子、面条儿什么都有。比学校吃得好，还便宜。

丁　兰：那你还不多住些日子？

方云天：病没好，我想早走，大夫也不让。

大　内：这个病房只有两个人？

方云天：我的病友是日本人，不会说汉语。他刚出去。

丁　兰：是吗？这是医院有意安排的吧？

方云天：可不是，他们给我找了一位老师，同时让我当他的翻译。

丁　兰：你是治病、学习两不耽误。看来，你真的不想走了。

方云天：哪里？医院再好也不如学校。我现在还不能下床，太寂寞了。

大　内：你不是跟同屋练习说日语吗？

方云天:他住了3个多月，快出院了，现在常常出去，屋子里只有我一个人。
丁 兰:别着急，我们会常来看你的。王才说他后天来，你还要什么东西吗?
方云天:让他把上课的笔记带来，别的没有了。
大 内:那你安心养病吧，有时间我们再来看你。

1. 听后判别正误

(1) 大夫用打针、吃药的方法给方云天治病。 (√)
(2) 这个医院又干净又漂亮，环境不错。 (√)
(3) 医院的饭菜没有学校便宜。 (×)
(4) 方云天觉得学校没有医院好，他不想出院。 (×)
(5) 方云天的病友是一个日本人。 (√)
(6) 医院有意安排方云天跟那个日本人住在一个病房。 (√)
(7) 方云天的病友常常出去，他一个人在病房觉得很寂寞。 (√)
(8) 方云天让王才明天把上课的笔记给他带来。 (×)

2. 填空

打针、吃药、大夫、护士、日子、日本、老师、下床、3 、后天、再来

三 听后练习

快速口头回答问题

1. 谁住院了?
2. 他是什么病?
3. 方云天想听什么?
4. 丁兰和大内怎么去医院?
5. 丁兰带大内走的路怎么样?
6. 方云天住几号病房?
7. 方云天好点儿了吗?
8. 同学们给方云天买了什么礼物?
9. 王才给方云天买了什么?
10. 医院的环境怎么样?
11. 方云天的病友是哪国人?
12. 方云天为什么觉得寂寞?
13. 王才什么时候来看方云天?
14. 方云天让王才给他带什么来?

四 泛听练习

(一)他看见我和大内特别高兴

王才：丁兰，你们昨天什么时候回来的？

丁兰：5点多了。我们跟方云天聊了两个多小时。

王才：他一定很寂寞吧？

丁兰：可不是。他看见我和大内特别高兴。

王才：他们病房住几个人？

丁兰：两个。他的病友已经好了，常常去外边，病房里整天就他一个人。

王才：他能下床了吗？

丁兰：不能。大夫说至少还得一个星期。

王才：他说需要什么东西了吗？

丁兰：他让你把上课的笔记给他带去，别的不要。

听后判别正误

(1) 丁兰和大内昨天回到学校已经两点多了。 (×)

(2) 她们在医院跟方云天聊了5个多小时。 (×)

(3) 方云天在医院里非常寂寞。 (√)

(4) 方云天得一个星期以后出院。 (√)

(5) 方云天让王才把书和笔记给他带去。 (×)

(二)到首都剧场怎么走？

山　本：老大爷，跟您打听一下儿，到首都剧场怎么走？

老大爷：什么？首都机场？离这儿可远了。

山　本：不是首都机场，是首都剧场，看戏的地方。

老大爷：啊，是首都剧场啊！

山　本：对，是首都剧场。

老大爷：一直往前走，到第二个红绿灯向右拐，再走不远，马路东就是首都剧场。

山　本：谢谢您！

老大爷：不用谢！

听后选择正确答案

（1）山本去哪儿？

A. 首都机场　　　　B. 首都剧场　※

（2）去首都剧场怎么走？

A. 一直往前走，到第二个红绿灯向右拐，再走不远　※

B. 一直往前走，到第二个红绿灯向左拐，再走不远

（3）首都剧场在哪儿？

A. 马路东边　※　　　　B. 马路西边

（三）到动物园坐几路车？

彼　得：小朋友，问你们一下儿，到动物园坐几路车？

男　孩：从北京语言大学坐307路车到中关村南，倒332路，坐到终点站，就是动物园。

女　孩：不好！坐332路车绕远，您应该坐331路到终点站，然后换27路。

男　孩：331路人多，太挤。332路人少，常常有座位。

女　孩：331路虽然有点儿挤，可是省时间。我每次去动物园都坐331路。

男　孩：我每次都坐332路。

彼　得：别争了。谢谢你们！我去的时候坐331路，回来的时候坐332路。好不好？

男　孩：好！

女　孩：好！

彼　得：谢谢你们！

听后选择正确答案

（1）彼得决定坐几路车？

A. 去的时候坐331路，回来的时候坐332路 ※

B. 去的时候坐332路，回来的时候坐331路

（2）彼得为什么这样坐车？

A. 为了省时间

B. 为了有座位

C. 为了省时间和有座位 ※

（四）马上出院

一位病人住院了，他打电话告诉一个朋友说至少两个月才能出院。两天以后，他又给朋友打电话说大夫已经同意他马上出院了。朋友问他大夫给他吃了什么好药病两天就好了。他说大夫没给他吃什么好药，只是给他看了一下住一天医院要付多少钱。

听后选择正确答案：

那个病人为什么要马上出院？

A. 他的病好了

B. 大夫给他吃了好药

C. 他付不起那么多医药费 ※

（五）去见上帝

亨利是汉语学院一年级的学生。有一次他的老师病了，他要去医院看望。因为听力和口语不太好，亨利把要说的话先写在本子上，一边走，一边念：

他先问老师："身体好点儿了吗？"老师一定回答："好点儿了。"然后他说："太好了，您吃的什么药？"老师告诉他吃了什么药，药的名字听不

懂没关系，他接着说："这种药对您的身体很有好处。是哪位大夫给您看的病?"老师告诉他是哪位大夫，大夫的名字听不懂也没关系。最后他说："有这样的大夫给您看病，您一定能早日康复。"

亨利来到医院，他走进病房，看见老师正在床上躺着，就走过去对老师说："老师，您身体好点儿了吗?"当时，老师正在发烧，很不舒服，就回答："我难受极了。"亨利说："太好了！您吃的什么药?"老师非常难受，听见他说"太好了"，当然很生气，就说："毒药!"亨利接着说："啊，这种药对您的身体很有好处。是哪位大夫给您看的病?"老师听了他的话更生气了，说："死神!""真好！有这样的大夫给您看病，您一定能早日……"没等他说完，老师大声地说："去见上帝!"

听后选择正确答案

这个故事告诉我们什么?

A. 亨利的听力和口语不好造成了误会　※

B. 亨利很聪明

C. 说话一定要看对象和场合

D. 亨利的老师生气了

第4课　什么样的条件是合适的？

学习目的

（一）训练学生听懂有关恋爱与婚姻的话题。

（二）微技能训练：提高学生辨别分析的能力、联想猜测的能力和快速反应的能力。

学习内容

（一）17个生词，精听课文5段，泛听课文3段。

（二）听辨词语和句子。

一　听前练习

（一）语音练习

1. 听句子，根据句意猜老师指出的词语的意思

（1）不同的民族有不同的婚俗，我对汉族人的婚俗很有兴趣。《中国民俗研究》里有一篇文章专门介绍汉族人的婚俗。

（2）小张和小王不是一般朋友的关系，好像是恋人的关系。每个星期日他们都在一起吃饭。情人节那天，小王送给小张很多花儿。

（3）小李在医院看见一个年轻的护士，对她一见钟情，后来就结婚了。可是结婚不到两个月，他们都发现双方的性格、脾气合不来，于是就离婚了。

（4）经过别人介绍，在初次见面以前能对对方有个大概的了解，要

觉得条件合适就见面，条件不合适就不见面。

(5) 一般来说，初次见面要了解一下对方的年龄、职业、学历、家庭、婚姻情况，还要看看对方的相貌和身高，如果双方认为这些条件合适就互相来往。

(6) 经过一段时间的了解，双方从相识到相知，再从相知到相爱，经过初恋、热恋，就结婚了。

(7) 三辆救火车从他们身边开过去了，小花说："哪儿着火了？"大宇说："甭管它！只要不烧我们家就没关系。"

(8) 太幸运了，昨天的大火只烧了邻居家，没烧我们家。

2. 熟读下列短语

谈恋爱
正在谈恋爱
小张和小王正在谈恋爱

有感情
有很深的感情
小张和小王有很深的感情

直接关系
直接领导
直接表示
直接表示爱情

确定恋人关系
确定爱情关系
确定旅行的时间
确定旅行的路线

举例子
举一个例子
给我们举一个例子
请您给我们举一个例子

难为情
很难为情
使别人难为情
使对方感到很难为情

招待客人
招待一位客人
准备招待一位客人
他们准备招待一位客人

我的邻居
是我的邻居
是我家的邻居
王老师是我家的邻居

（二）句子练习

1. 听句子口头回答问题

（1）我不太明白，为什么很多年轻人恋爱要经过别人介绍呢？

问：他不明白什么？

（2）古时候青年男女没有见面的机会，婚姻大事得经过别人介绍，由父母做主。

问：古时候青年男女的婚姻大事由谁做主？

（3）离婚不离婚要看两个人的感情怎么样，这跟是别人介绍的还是自由恋爱的没有直接关系。

问：离婚不离婚跟什么有直接关系？

（4）“含蓄”就是说的话含有很深的意思，但是不直接表示出来。

问：“含蓄”的意思是什么？

（5）恋人的称呼很有意思，从称呼可以看出他们的关系怎么样，感情有多深。

问：从恋人的称呼可以看出什么？

（6）每个阶段有一定的称呼，超过这个阶段的称呼，会使对方难为情。

问：什么会使对方难为情？

2. 听后模仿

（1）有的人在本单位找不到合适的，只好经过热心的“红娘”来介绍。

（2）找对象不一定在本单位，在公园、商店、路上不是也有“一见钟情”的吗？

（3）“一见钟情”认识不到一个月就结婚，就怕结婚不到两个月就离婚。

（4）你在我身边，我的眼睛里只有你一个人；你不在我身边，我的心里只有你一个人。

（5）只有跟你在一起的时候，我才觉得最快乐、最高兴、最幸福。

（6）我愿意跟你共同走向美好的明天，永远在一起。

(7) 我等你说这句话等了两年，今天终于等到了。

(8) 听你这么一说，恋人之间的称呼还有不少学问呢。

二　听时练习

课文(一)

听前提示：艾米对什么问题不太明白？听第二遍前提示：为什么很多年轻人恋爱要经过别人介绍？丁兰谈了几个方面的原因？

情景：艾米正在看《中国民俗研究》，丁兰来到她的房间。

丁　兰：艾米，你看什么书呢？

艾　米：《中国民俗研究》。你看过吗？

丁　兰：看过。你觉得有意思吗？

艾　米：很有意思。我刚看完《汉族人的婚俗》。我不太明白，为什么很多年轻人恋爱要经过别人介绍呢？

丁　兰：这有历史的原因，也有现代的原因。你知道，古时候青年男女没有见面的机会，婚姻大事得经过别人介绍，由父母做主。

艾　米：那现代的原因呢？

丁　兰：自由恋爱要有时间和机会。比如，两个人在一个单位学习或工作，经过长时间的了解互相有了感情，就自由恋爱了。可是一个单位男女的人数不一样多，要是男的多女的少，男的找对象的机会就少；如果女的多男的少，女的找对象就困难了。还有的人在本单位找不到合适的，只好经过热心的“红娘”来介绍。

1. 听后讨论

2. 填空

看什么书、不太明白、历史、现代、父母、一个单位、自由恋爱、男的、女的、合适

课文(二)

听前提示：艾米和丁兰讨论什么问题？听第二遍前提示：艾米是怎么提出“一见钟情”的话题的？丁兰同意“一见钟情”的恋爱方式吗？

情景：丁兰和艾米继续谈恋爱婚姻的话题。

艾　米：找对象不一定在本单位，在公园、商店、路上不是也有“一见钟情”的吗？

丁　兰：有是有，可是太少了。“一见钟情”只看外表，东方人觉得思想、性格、脾气、爱好更重要，不像西方人，第一次见面就说“我爱你”。

艾　米：要是有人第一次见面就对我说“我爱你”，我很高兴。

丁　兰：要是有人第一次见面就对我说“我爱你”，我认为他不是好人。

艾　米：这是为什么？

丁　兰：你想啊，刚一见面他能了解你的思想吗？不了解你的思想、性格、脾气、爱好，就说“爱你”，会是真的吗？现在你漂亮他爱你，等你老了，不漂亮了，他还爱不爱你？

艾　米：你说得有道理。

丁　兰：“一见钟情”认识不到一个月就结婚，就怕结婚不到两个月就离婚。

艾　米：经过别人介绍就不离婚了吗？

丁　兰：那不一定。离婚不离婚要看两个人的感情怎么样，这跟是别人介绍的还是自由恋爱的没有直接关系。

1. 听后讨论

2. 填空

在本单位、第一次见面、很高兴、认为他不是好人、会是真的、结婚、离婚、感情

课文(三)

听前提示：初次见面要了解对方什么情况？听第二遍前提示：初次见面以后怎么互相来往？

情景：她们继续谈介绍对象的话题。

丁　兰：经过别人介绍，在初次见面以前就能对对方有个大概的了解。你要是觉得条件合适就见面，条件不合适可以不见面。

艾　米：什么样的条件是合适的？

丁　兰：这很难说。每个人的条件不一样。一般来说，初次见面要了解一下对方的年龄、职业、学历、家庭、婚姻情况，还要看看对方的相貌和身高，如果这些条件合适就互相来往。

艾　米：怎么来往？

丁　兰：经常在一起谈话、吃饭、逛公园、看电影、参观游览，通过这些活动了解对方的思想、性格、脾气、爱好等等。经过一段时间的了解，双方都很满意，从相识到相知，就确定恋人关系，再从相知到相爱，经过初恋、热恋，就可以结婚了。

艾　米：要是有一方不满意呢？

丁　兰：那就吹了呗。

1. 听后讨论

2. 填空

初次见面、见面、不见面、初次见面、看看、这些活动、恋人关系、吹了

课文（四）

听前提示：这段课文谈了几个话题？是什么？听第二遍前提示：中国的年轻人怎样表示爱情？丁兰说了几个例子？情人节的时候互相送什么礼物？

情景：她们谈到年轻人表示爱情的方法。

艾　米：这本书里说中国的年轻人表示爱情的方法很含蓄，这“含蓄”是什么意思？

丁　兰：“含蓄”就是说的话含有很深的意思，但是不直接表示出来。

艾　米：能举个例子吗？

丁　兰：有一个小伙子爱上了一个姑娘，他说："你在我身边，我的眼睛里只有你一个人；你不在我身边，我的心里只有你一个人。"那个姑娘明白了他的意思，说："只有跟你在一起的时候，我才觉得最快乐、最高兴、最幸福。"你想，那个姑娘喜欢这个小伙子吗？

艾　米：当然是喜欢了。

丁　兰：还有一个姑娘爱上了一个小伙子，她说："小张，我愿意跟你共同走向美好的明天，永远在一起。"小伙子当然也明白她的意思。他说："我等你说这句话等了两年，今天终于等到了。"你说这个小伙子爱那个姑娘吗？

艾　米：真有意思。对了，在中国有情人节吗？

丁　兰：以前没有，现在有了。很多年轻人喜欢在这一天给恋人送些礼物。

艾　米：送什么礼物？

丁　兰：一般是男的给女的送花儿，女的给男的送巧克力。

艾　米：这跟我们西方一样。

丁　兰：这个节日就是跟你们学来的。

1. 听后讨论

2. 填空

表示爱情的方法、直接表示出来、眼睛里、心里、跟你在一起、共同走向、永远在一起、情人节、送花儿、送巧克力

课文（五）

听前提示：初恋和热恋时的称呼有什么不同？

情景：丁兰给艾米介绍恋人的称呼。

丁　兰：艾米，你知道吗？恋人的称呼很有意思，从称呼可以看出他们关系怎么样，感情有多深。

艾　米：是吗？

丁　兰：刚认识的时候，一般都叫对方的姓名。初恋的时候可以只叫名字。热恋的时候只叫名字的最后一个字，有时候前边加上“亲爱的”、后边加上“哥”或者“妹”。称呼自己，初恋的时候用姓名或名字，热恋的时候只用名字的最后一个字或前边加上“你的”。

艾　米：你说的我怎么听不懂？

丁　兰：我举个例子，比如男的叫李大刚，女的叫张小玲。刚认识的时候他们叫对方的姓名：“李大刚”、“张小玲”。初恋的时候叫对方的名字：“大刚”、“小玲”。热恋的时候，女的叫男的“刚”、“刚哥”、“亲爱的刚”、“亲爱的”，男的叫女的“玲”、“玲妹”、“亲爱的玲”、“亲爱的”。称呼自己，初恋的时候是“大刚”、“小玲”。热恋的时候，男的自称“刚”、“你的刚”。女的自称“玲”、“你的玲”。每个阶段有一定的称呼，超前的称呼，会使对方难为情。

艾　米：听你这么一说，恋人之间的称呼还有不少学问呢。

丁　兰：可不是。

1. 听后判别正误

(1) 刚认识的时候，男的称呼女的“亲爱的”，女的觉得难为情。　(√)

(2) 刚认识的时候，男的称呼自己“你的刚”，女的很高兴。　(×)

(3) 初恋的时候，男的称呼女的“小玲”，女的觉得难为情。　(×)

(4) 初恋的时候，女的称呼男的“大刚”，男的很高兴。　(√)

(5) 热恋的时候，女的称呼自己“你的玲”，男的很高兴。　(√)

(6) 热恋的时候，男的称呼女的“亲爱的玲”，女的很难为情。　(×)

2. 填空

称呼、称呼、初恋、热恋、初恋、热恋、叫对方的姓名、女的叫男的、男的叫女的、称呼自己、不少学问

三 听后练习

（一）再听一遍课文（一），听后判别正误

（1）《汉族人的婚俗》是《中国民俗研究》里的一篇文章。（√）

（2）古时候年轻人的婚姻大事要由父母做主。（√）

（3）一个单位里男的多女的少，女的找对象的机会少。（×）

（4）一个单位里女的多男的少，男的找对象困难。（×）

（二）再听一遍课文（二），然后选择正确答案

1.“一见钟情”只看什么？

A. 思想　B. 性格　C. 脾气　D. 外表 ※

2. 艾米喜欢别人对她说“我爱你”吗？

A. 很喜欢 ※　B. 不太喜欢　C. 不喜欢　D. 很不喜欢

3. “一见钟情”的结果是什么？

A. 认识不到一个月就离婚，离婚不到两个月就结婚

B. 认识不到一个月就结婚，结婚不到两个月就离婚 ※

（三）再听一遍课文（三），然后选择正确答案

1. 大刚和小玲初次见面以后没有再见面，他们认为对方的条件合适吗？

A. 合适　B. 不合适 ※

2. 初次见面哪个情况不能了解？

A. 学历　B. 职业

C. 婚姻情况　D. 挣多少钱 ※

3. 下面哪个不是互相来往的活动？

A. 逛公园　B. 看电影

C. 比赛篮球 ※　D. 参观游览

4. 什么时候可以结婚？

A. 相识以后　　B. 相知以后

C. 初恋以后　　D. 热恋以后　※

（四）再听一遍课文（四），听后判别正误

（1）“含蓄”的意思是说的话含有很深的意思，但是不直接表示出来。（√）

（2）一个小伙子爱上一个姑娘就说：“你在我身边，我心里只有你一个人；你不在我身边，我的眼睛里只有你一个人。”（×）

（3）姑娘要是喜欢那个小伙子就说：“只有跟你在一起的时候，我才觉得最快乐、最高兴、最幸福。”（√）

（4）情人节一般女的给男的送巧克力，男的给女的送花儿。（√）

（五）再听一遍课文（五），听后选择正确答案

1. 称呼对方的姓名是什么阶段？

A. 刚认识　※　　B. 初恋　　C. 热恋

2. 称呼对方的名字是什么阶段？

A. 刚认识　　B. 初恋　※　　C. 热恋

3. 称呼对方名字的最后一个字是什么阶段？

A. 刚认识　　B. 初恋　　C. 热恋　※

四　泛听练习

（一）“我也请你帮个忙”

小王和小张是好朋友。一天，小王来找小张，他说：“有件事请你帮我出个主意。”

“什么事?”小张问。

“最近我认识了两个女朋友：一个是国际旅行社的翻译，长得很漂亮，可是她没有钱；另一个是公司的高级职员，很有钱，可是长得不漂亮。你说我应该爱哪一个?”

“这太简单了，”小张说，“钱不重要，你应该爱那个漂亮的。要是我，就爱那个漂亮的。”

“好，谢谢你的帮助，我走了。”

小张说：“别走，我也请你帮个忙。你能不能把那个有钱的姑娘介绍给我?”

听后判别正误

(1) 小张觉得有钱比长得漂亮重要。 (√)

(2) 小张觉得有钱没有长得漂亮重要。 (×)

(3) 小张觉得有钱和长得漂亮一样重要。 (×)

(4) 小张喜欢漂亮的姑娘。 (×)

(5) 小张喜欢有钱的姑娘。 (√)

(6) 小张告诉小王应该爱漂亮的姑娘。 (√)

(二)弟弟是个书迷

我弟弟是个书迷，只喜欢看书，不喜欢做家务。他一看书，就把什么都忘了。

今天是星期日。弟弟的女朋友第一次来我们家。吃完早饭，我和妈妈去商店买东西。东西买回来以后，我和妈妈又忙着洗菜、做饭，准备招待客人。妈妈说：“你弟弟呢? 把他找来，帮咱们干活儿。”我喊了一声，没人回答。我说：“他可能到门口接客人去了。”

10点半，弟弟的女朋友来了。她穿着新衣服，打扮得特别漂亮，手里拿着点心和水果。我问她：“我弟弟去门口接你，你看见了吗?”她说没看见。我到外边找了两次也没找到。弟弟到哪儿去了? 我忽然想到，他可能在房间里看书，把接女朋友的事忘了。我打开他的房门，他真的在那儿看书呢。

听后选择正确答案

这个故事主要告诉我们什么？

A. 弟弟是个书迷，他一看书就把什么都忘了。※

B. 弟弟的女朋友第一次来我们家。

C. 妈妈让弟弟帮助做饭。

D. 弟弟的女朋友打扮得特别漂亮。

（三）大宇和小花的故事

大宇和小花从电影院里出来，大宇说："你不是喜欢听音乐吗？到我家听音乐去吧。今天晚上我爸爸妈妈都不在家，只有我一个人。我家有不少中国和外国有名的音乐。"姑娘点了点头，他们就一起朝大宇家的方向走去了。

这时，一辆、两辆、三辆救火车从他们身边开过去了。小花说："哪儿着火了？"大宇说："甭管它！只要不烧我们家就没关系。"姑娘不满意地看了大宇一眼，可是他没有发现，还谈他的音乐。走着走着，大宇突然喊起来："哎呀，不好！是我们家那边着火了。"他很快地向前跑去。小花跟在他后边，一边跑一边喊："等等我！等等我！"大宇一句也没听见。

第二天，大宇从医院给小花发了一条短信："太幸运了，昨天的大火只烧了邻居家，没烧我们家。可是我跑得太快，腿摔坏了。你能来医院看我吗？"

短信发出三天、五天、十天，姑娘没有来到大宇的身边。

听后判别正误

(1) 大宇和小花一起去看电影了。　（√）

(2) 小花很喜欢听音乐。　（√）

(3) 小花家有很多中国和外国有名的音乐。　（×）

(4) 大宇的家着火了。 (×)
(5) 大宇的邻居家着火了。 (√)
(6) 大宇一边跑一边让小花等等他。 (×)
(7) 大宇是个很自私的人。 (√)
(8) 小花不再喜欢大宇了。 (√)

第5课　月亮里边有什么？

学习目的

（一）训练学生听懂在长城赏月的有关话题以及与节日有关的一些风俗习惯和传说。

（二）微技能训练：提高学生辨别分析的能力、联想猜测的能力和快速反应的能力。

学习内容

（一）18个生词，精听课文5段，泛听课文4段。

（二）听辨词语和句子。

一　听前练习

（一）语音练习

1. 听句子，根据句意猜老师指出的词语的意思

（1）今天是大内的生日，她的房间挂上了彩灯，要在这里开一个生日晚会。

（2）古时候没有机器，中国人用两只手和两个肩膀把这么多砖石运到山上。

（3）元宵节看花灯的习俗是从汉朝开始的。

（4）屈原在楚国做官，楚国灭亡以后，他就跳江自杀了。为了不让

鱼吃屈原的尸体，人们把米饭用一种叶子包起来，扔到江里。

(5) 明天颐和园的昆明湖有龙舟比赛，你去不去看？

(6) 汤圆的样子跟元宵差不多，可是做的方法不一样。

2. 听句子，快速口头回答问题

(1) 他们在公园一边赏花儿，一边照相。

问：他们在公园做什么？

(2) 中秋节的晚上，我们一边赏月，一边吃月饼和水果。

问：中秋节的晚上他们做什么？

(3) 传说月亮里有一位美丽的姑娘，还有一只白兔和一棵桂花树。

问：传说月亮里有什么？

(4) 买完要买的东西，钱还有富余，还可以再买点儿别的。

问：为什么还可以再买点儿别的？

(5) 这个工厂从国外进口了一台新机器。

问：这个工厂从哪儿进口了什么？

(6) 20周学习结束以后学校发给我们一张结业证。

问：20周学习结束以后学校发给你们什么？

(7) 春节的时候人们互相拜年，还去逛庙会。

问：春节的时候人们做什么？

(8) 端午节人们有吃粽子的习俗。

问：端午节人们有什么习俗？

(9) 我们以为他是日本人，其实他是韩国人。

问：他是哪国人？

(10) 我吃饺子喜欢蘸醋和酱油。

问：他吃饺子喜欢蘸什么？

(11) 孟姜女是一位善良多情的姑娘。

问：孟姜女是一个什么样的姑娘？

(12) 他们把那个孩子的尸体埋在河边了。

问：他们把那个孩子的尸体埋在哪儿了？

（13）今年苹果丰收了，所以比去年便宜了。
问：今年水果为什么便宜了？

（14）早上我只喝了一碗粥。
问：他今天早上吃馒头了吗？

（15）妈妈把一个大饼掰成两半。
问：妈妈把什么掰成两半？

（16）我也听说过，可不知道是不是真的。
问："可"是什么意思？

（17）我想上月亮上去，还想让嫦娥辅导我古代汉语呢。
问："让"是什么意思？

（18）春节的活动很多，看电视春节晚会，人们互相拜年，还有逛庙会，可热闹了。
问："可"是什么意思？

（19）屈原给楚王提了很多好的意见，可是楚王不听他的。
问："不听他的"是什么意思？

（20）屈原自杀以后，很长时间找不到他的尸体。
问："找不到"是什么意思？

（二）句子练习

1. 听句子，判别正误

（1）秦朝以前就已经修建了一段一段的城墙，秦始皇统一中国以后把这些城墙连接起来了。这句话的意思是长城是秦始皇开始修建的。（×）

（2）那时候没有机器，就用人的两只手和两个肩膀把这么多的砖石运到山上。这句话的意思是当时人们修建长城非常不容易。（√）

（3）月光常常让人想家，全家团圆是各国人民的共同愿望。这句话的意思是世界上每个国家的人民都希望全家团圆。（√）

(4) 过年的时候吃鱼表示"年年有余（鱼）"。意思是年年都富余，生活一年比一年好。 (√)

(5) 屈原是中国历史上的一位爱国诗人，两千多年前他在楚国做官。这句话的意思是屈原曾经去外国做官。 (×)

(6) 屈原给楚王提了很多好意见，可是楚王不听他的，结果楚国灭亡了，屈原也自杀了。这句话的意思是楚王把屈原杀死了。 (×)

(7) 人们划船在江里找屈原的尸体，为了早点儿找到，都用力地划，看谁划得快。以后，每年这一天举行龙舟比赛，成为纪念屈原的一个活动。这句话告诉我们，端午节的时候为什么举行划龙舟比赛。 (√)

2. 听句子，用老师给的词改句子

(1) 长城跟一条正在腾飞的长龙一样，弯弯曲曲没有尽头。(多像)

(2) 长城又是一幅美丽的山水画儿，咱们都是画中人。(又像)

(3) 中秋节的月亮又圆又大，人们吃的月饼和水果也是圆的，表示一家人的团圆。(象征)

(4) 过春节的时候每个家庭都吃饺子。(家家)

(5) 过元宵节的时候每个家庭都挂上各种各样的灯笼。(家家户户)

(6) 孩子们发现圣诞礼物，认为是圣诞老人送来的。(以为)

二 听时练习

课文(一)

听前提示：注意长城的样子和历史。

情景：中秋节正好是周末，山本、大内、贝拉、艾米、彼得、金汉成等和中国老师一起登长城赏月，他们还邀请了一些中国同学。下午4点，艾米、金汉成、王欢先登上长城。

艾　米：啊，我第一个登上了长城！

金汉成：你的身体不如我，可是你爬得比我还快！

艾　米：爬长城是我多年的梦想，今天终于实现了。你们快来呀，看，长城多美！

金汉成：真的，多像一条正在腾飞的长龙，弯弯曲曲没有尽头。

艾　米：又像一幅美丽的山水画儿！

金汉成：可不是，红花绿树，青山绿水，咱们都是画中人！

艾　米：王老师，人们都说“万里长城”，长城真的有一万里长吗？

王　欢：没错儿，长城有12000多里呢，它东起山海关，西到嘉峪关，穿过中国的7个省。

艾　米：听说长城是秦朝开始修建的，对吗？

王　欢：不完全对，秦朝以前就已经修建了一段一段的城墙，秦始皇统一中国以后把这些城墙连接起来了。

金汉成：我在一本书里看到，当时修长城用了30万人，9年的时间。

艾　米：那时候也没有机器，这么多的砖石是怎么运到山上的呢？

王　欢：没别的，就用人的两只手和两个肩膀。

艾　米：天哪！这真是奇迹！

金汉成：方老师他们也上来了。这个烽火台是长城的最高处，咱们在这儿照张相吧。

1. 听后口头回答问题

(1) 谁第一个登上了长城？

(2) 长城像什么？

(3) 长城是什么时候修建的？

(4) 修长城的砖石是怎么运到山上的？

2. 填空

第一个、终于实现、山水画儿、一万里长、12000多里、统一中国以后、30万、9年、人的两只手、照张相

课文(二)

听前提示：中秋节赏月，吃月饼和水果象征什么？

情景：山本、大内、白华和金汉成一边吃晚饭一边谈话。

山　本：你们看，月亮升上来了。

大　内：今天的月亮真是又圆又大。我们吃的月饼和水果也是圆的。

白　华：这就叫团团圆圆，象征一家人的团圆。

金汉成：我们这个联合家庭在长城上团圆太有意思了。

白　华：你说得真好。我们班是个小联合国，也可以说是联合家庭。

大　内：金汉成，你不想家了？

金汉成：怎么不想？我们韩国人也把中秋节看做是团圆的节日。

白　华：是啊，月光常常让人想家，全家团圆是各国人民的共同愿望。

山　本：彩灯也亮了，这长城多像彩色的长龙！明月照长城，长城亮彩灯。举头望明月，低头看长龙。

大　内：啊，真没想到，我们的美食家还会做诗。

白　华：山本的诗不错，只是发音有点儿问题。

山　本：白老师，您在长城上还给我们上课啊？

1. 听后口头回答问题

(1) 中秋节赏月，吃月饼和水果象征什么？

(2) 各国人民的共同愿望是什么？

(3) 谁在长城上做了一首诗？他的诗怎么样？

2. 填空

升上来了、团圆、我们班、让人想家、发音

课文(三)

听前提示：方老师告诉同学们月亮里有什么?

情景：方龙、彼得、艾米和贝拉聊天。

艾米：方老师，听说宇航员在飞船上看地球的时候，用眼睛只能看到两个地方：一个是荷兰的围海大堤，另一个是中国的万里长城。是吗?

方龙：我也听说过，可不知道是不是真的。不过，用修长城的砖石修一道厚1米高5米的墙，可以绕地球一周还多。这倒是真的。

艾米：真了不起!

方龙：你们看，月亮里边有什么?

贝拉：什么也没有啊。

方龙：月亮里边有一个美丽的姑娘叫嫦娥，她一个人住在那儿，只有白兔和桂花树陪伴她。

彼得：她一定很寂寞吧?

贝拉：你想上去陪她吗?

彼得：想，还想让她辅导我古代汉语呢。

贝拉：你上得去吗?

彼得：上得去。

贝拉：怎么上去?

彼得：坐宇宙飞船上去。我得在那儿多住些日子，怕一时下不来。

艾米：让他上去吧，10天不来上课，学校不发给他结业证。

1. 听后口头回答问题

(1) 艾米听说什么?

(2) 方老师告诉同学们月亮里有什么?

(3) 彼得为什么想上月亮上去?

2. 填空

万里长城、地球一周还多、美丽的姑娘、古代汉语、坐宇宙飞船、10天不来上课

课文(四)

听前提示：注意春节和圣诞节的情况。

情景：方龙、艾米、彼得和丁兰谈春节和圣诞节。

艾米：方老师，除了中秋节以外，还有什么节是团圆的节日？

方龙：春节。春节在农历新年的第一天——正月初一，是中国最重要的传统节日。

艾米：正月初一是什么意思？

丁兰：正月就是一月，初一就是一号。

方龙：过春节也叫过年，春节前一天的夜晚是除夕，除夕时全家人要在一起吃年夜饭，也叫团圆饭。

艾米：过春节的时候家家都吃饺子，可我听说还一定要有鱼。这是为什么？

方龙：这是因为“鱼”和“余”两个字谐音，过年的时候吃鱼表示“年年有余（鱼）”，年年都富余，生活一年比一年好。

丁兰：春节的活动很多，看电视春节晚会、人们互相拜年，还有逛庙会，可热闹了。

彼得：这跟我们的圣诞节差不多。

丁兰：圣诞节有哪些活动？

艾米：圣诞节的活动从圣诞夜，也就是12月24号的晚上开始。很多地方都举行音乐会。

丁兰：听说圣诞老人要给孩子们送礼物。

彼得：说是圣诞老人送的，其实是他们的父母送的。孩子睡觉的时候父母把礼物放在他们的衣服和袜子里。第二天，孩子们发现了礼物都以为是圣诞老人送来的。

艾米：圣诞节这天，家家都要买上一棵圣诞树，吃完饭，大家围坐在圣诞树旁边唱歌、跳舞、讲故事，也非常热闹。

1. 听后口头回答问题

(1) 除了中秋节以外，还有什么节是团圆的节日？

(2) 春节是哪一天？

(3) 过春节的时候为什么家家都要吃鱼？

(4) 春节有什么活动？

(5) 圣诞节有哪些活动？

2. 填空

中秋节以外、正月初一、一月、一号、有鱼、吃鱼、12月24号、非常热闹

课文(五)

听前提示：除了中秋节和春节以外，中国还有哪些重要的传统节日？

情景：方龙、艾米、彼得、丁兰继续谈节日。

丁兰：除了春节、中秋节，还有元宵节、端午节也是重要的传统节日。

艾米：元宵节也叫灯节，对吧？

方龙：对，它是一年中第一个月圆的夜晚。

艾米：一年中第一个月圆的夜晚，是正月十五，对不对？

方龙：对。这一天，家家户户都挂上各种各样的灯笼。

艾米：这个习惯是从什么时候开始的？

方龙：汉朝，从汉朝就有了看花灯的习俗。

丁兰：元宵节还有吃元宵的习俗。

艾米：南方人好像叫汤圆。

丁兰：元宵和汤圆样子差不多，可是做法不太一样。

彼得：以前我只知道春节、中秋节，没听说过元宵节。

丁兰：你听说过端午节吗？

彼得：也没有。端午节是怎么回事？

丁兰：端午节在农历五月初五。这一天家家户户吃粽子。

艾米：我听过一个讲座，这好像是纪念屈原的。

彼得：屈原是谁？

方龙：他是中国历史上的一位爱国诗人。两千多年以前，他在楚国做官，给楚王提了很多好的意见，可是楚王不听他的，结果楚国灭亡了。屈原不愿意看到自己国家的灭亡，就跳江自杀了。

彼得：这跟吃粽子有什么关系呢？

方龙：当时人们为了纪念他，把米饭用一种叶子包起来，扔到江里。

彼得：是给屈原吃吗？

丁兰：哪儿啊！屈原死了，还能吃吗？

方龙：是给鱼吃的。鱼吃了米饭，肚子饱了，就不会吃屈原的尸体了。

艾米：端午节很多地方举行赛龙舟的活动，这是为什么？

方龙：屈原自杀以后，很长时间找不到他的尸体。人们划船在江里找，为了早点儿找到，都用力地划，看谁划得快。以后，每年这一天举行龙舟比赛，成为纪念屈原的一种活动。

1. 听后口头回答问题

(1) 除了中秋节和春节以外，中国还有哪些重要的传统节日？

(2) 元宵节是哪一天？

(3) 元宵节有什么风俗习惯？

(4) 端午节是哪一天？

(5) 端午节有什么风俗习惯？

(6) 屈原是谁？

2. 填空

元宵节、端午节、灯节、正月十五、汉朝、汉朝、吃元宵、五月初五、两千多年以前、跳江自杀、为了纪念他、早点儿找到

三 听后练习

(一) 讨论：学了以上5段课文你了解了哪些新的信息？

（二）讨论：以上5段课文中哪些信息是你以前就知道的？

四　泛听练习

（一）庆丰日

腊月初八叫"庆丰日"。腊月是农历十二月，初八是8号，"庆丰日"是庆祝丰收的日子。每年的腊月初八，中国北方有这样一个习俗：喝腊八粥、做腊八醋。腊八粥是用各种米和豆子，加上枣、花生、核桃、芝麻和糖什么的，做成一种又香又甜的粥。用这种方法表示五谷丰收。这一天，人们把醋和蒜放在一个罐子或者大瓶子里，封好放着，等到春节的时候吃。因为是腊八这一天做的，所以叫腊八醋。春节吃饺子蘸腊八醋，醋有蒜的味道，蒜有醋的味道，好吃极了。

听后选择正确答案

这个故事主要告诉我们什么？

A. 中国北方庆丰日的习俗是什么　※

B. 庆丰日是哪一天

C. 做腊八粥和腊八醋的方法

D. 腊八醋的味道

（二）春节吃饺子的习惯

春节的时候，家家户户吃饺子。以前北方人有这样的习惯：正月初一吃素饺子，就是没有肉，只有菜的饺子；正月初二吃荤饺子，就是放肉的饺子。这是因为普通人平时很少吃肉。初一吃一天素的，等于把一年素的东西都吃了，希望从初二开始就可以天天吃肉了。现在，人们的生活水平提高了，这个习惯也慢慢地没有了。有的人家在包饺子的时候，把一种特别的东西，比如一块糖、一个枣、一个硬币什么的放在饺子里，谁要是吃到这个特别的饺子，他在新的一年里就会有好运，非常顺利。这个习俗今天还保留着。

听后选择正确答案

这个故事主要告诉我们什么？

A. 什么是素饺子

B. 什么是荤饺子

C. 春节吃饺子的时候北方人有什么样的习俗 ※

D. 什么时候吃素饺子，什么时候吃荤饺子

（三）张三到李四家赏月

中秋节的晚上，张三来到李四家赏月，看见李四正在喝茶，就说："今天晚上月亮这么圆这么亮，我带来一个月饼，正好跟你一起赏月喝茶吃月饼。"说完，就在空中画了一个圆圈，当做月饼送给李四。李四也不傻，他马上接过这个"月饼"，用手掰成两半，再用手指蘸了一点儿茶，在桌子上画了一个杯子，然后对张三说："请你吃半块月饼，再喝杯茶。"

听后选择正确答案

这个故事主要告诉我们什么？

A. 张三请李四吃月饼

B. 李四请张三喝茶

C. 张三和李四是好朋友

D. 张三和李四是很幽默的人 ※

（四）孟姜女的故事

传说有一个姑娘叫孟姜女，在她跟丈夫万喜良举行婚礼的时候，秦始皇派人把万喜良抓去修长城。到了冬天，孟姜女想到丈夫走的时候穿着单衣，她要去长城给丈夫送棉衣。长城在哪儿呢？她不知道，听说是在北方，她就一直向北方走去。走了一个多月，终于来到了长城。她到处打听万喜良，后来听说万喜良累死了，孟姜女大哭起来，她问万喜良的尸体在哪儿？别人告诉她埋在长城里边了。她坐在长城上哭了三天三夜，把长城哭倒了，露出了很多年轻人的尸体，其中也有万喜良的尸体。孟姜女是来给丈夫送棉衣的，没有想到看到的却是丈夫的尸体。她难过极了，就跳进大海自杀了。后来人们在山海关东边的小山上，修了一个庙，叫孟姜女庙，纪念这位善良多情的女子。

听后选择正确答案

这个故事主要告诉我们什么？

A. 孟姜女给丈夫送棉衣

B. 修建长城累死了很多人　※

C. 孟姜女把长城哭倒了

D. 长城离孟姜女住的地方很远

第6课　您看是哪儿的毛病？

学习目的

（一）训练学生听懂有关修理被损坏的东西的话题。

（二）微技能训练：提高学生辨别分析的能力、联想猜测的能力和模仿扩展的能力。

学习内容

（一）17个生词，精听课文5段，泛听课文3段。

（二）听辨词语和句子。

一　听前练习

（一）词语练习

1. 听句子挑出生词，教师讲解生词

（1）我的自行车扎破了，我去修一下。

（2）师傅，我这个照相机的快门按不下去了，您帮我看看。

（3）这房子太破了，一下雨就漏水。

（4）我身高1米73，我哥哥1米72，我比哥哥稍微高一点儿。

（5）闹钟的闹铃不响，是因为该换电池了。

（6）这件衣服的纽扣掉了一个。

（7）这种洗衣机是新产品，甩干的时候声音很小。

（8）买这个牌子的洗衣机一律保修五年。要是坏了，打个电话，他们马上上门修理。

(9) 我的毛衣被虫子咬坏了，妈妈织补以后，跟新的完全一样。

(10) 他买了一些修车的工具和零件，自行车坏了就自己修。

(11) 汽车的一个轮胎没气了，我想把它卸下来，可怎么扳也扳不动。

2. 听句子，根据句意猜老师指出的词语的意思

(1) 金汉成的自行车坏了，他在车铺跟修车师傅谈话。

(2) 在长城上他差点儿摔倒，旅行包撞在墙上了。

(3) 你的表带也该换了，换条新的吧。

(4) 小天鹅洗衣机保修期内免费修理。

(5) 昨天真是倒霉透了。

(6) 新鞋如果出了大的质量问题，在保修期内，可以带着鞋和发票去商店退换。

(7) 一般的皮鞋可以拿到私人修鞋摊儿去修。

(8) 她突然发现衣服被虫子咬了好几个洞。

(9) 开着开着，忽然汽车跑偏了。

(10) 我从车里拿出工具，准备自己修理，换上备用轮胎。

（二）句子练习

1. 听句子，判别正误

(1) 这车有点儿小毛病，修的话，10分钟就得。

意思是这车10分钟就能修好。(√)

(2) 您不说我还真不知道，光骑不修看来不行。

意思是现在我才知道车不能只骑不修。(√)

(3) 那天他骑着一辆破车上街，有好几次差点儿撞了人。

意思是他那天骑车撞了好几个人。(×)

(4) 我这就帮你联系一下。

意思是我在这儿帮你联系一下。(×)

(5) 好，我马上派人去修你的洗衣机。

意思是我马上和别人去修你的洗衣机。（×）

（6）修鞋技术是一流的，价钱嘛，当然也是一流的。

意思是修鞋的技术很高，修鞋的价钱不高。（×）

（7）师傅，这卫生间的水龙头开得稍微大一点儿，就出怪声。

意思是他一打开水龙头就有奇怪的声音。（√）

（8）我们好容易爬上了长城。

意思是他们很容易就爬上了长城。（×）

2. 听后模仿

（1）师傅，我的自行车没气了，麻烦您帮我修一下。

师傅，我的照相机坏了，麻烦您帮我修一下。

师傅，我的闹钟不走了，麻烦您帮我修一下。

师傅，我的录音机不转了，麻烦您帮我修一下。

师傅，我的电视机没有声音了，麻烦您帮我修一下。

师傅，我的汽车坏了，麻烦您帮我修一下。

（2）小姐，两个月以前我在你们商场买了一台洗衣机，用着一直很好，可是昨天洗着洗着忽然坏了。

小姐，两个月以前我在你们商场买了一台电视机，用着一直很好，可是昨天看着看着忽然没有声音了。

小姐，两个月以前我在你们商场买了一台录音机，用着一直很好，可是昨天听着听着忽然不转了。

小姐，两个月以前我在你们商场买了一台照相机，用着一直很好，可是昨天照着照着忽然转不动了。

小姐，两个月以前我在你们商场买了一辆自行车，骑着一直很好，可是昨天骑着骑着忽然车胎没气了。

小姐，两个月以前我在你们商场买了一个闹钟，用着一直很好，可是昨天走着走着忽然停了。

小姐，两个月以前我在你们商场买了一个台灯，用着一直很好，可是昨天用着用着忽然不亮了。

二　听时练习

课文（一）

听前提示：一边看图一边注意金汉成的自行车都有什么毛病。

情景：金汉成的自行车坏了，他在车铺跟修车师傅说话。

金汉成：师傅，我修车。

师　傅：怎么了？

金汉成：后带，后带没气了。

师　傅：让我看看。噢，这车胎被扎破了，得补一下。

金汉成：快吗？我有点儿急事。

师　傅：快，10分钟就得。这车是刚买的吧？

金汉成：还不到两个月呢。对了，师傅，我这车常常是头一天打满了气，第二天就剩一半儿了。

师　傅：可能是气门芯的毛病。你看，果然坏了，换一个吧。

金汉成：这车闸也不灵，您给看看。

师　傅：你看，这车闸跟没有一样，多危险哪！

金汉成：可不是，有好几次差点儿撞着人。这车还是名牌呢！

师　傅：什么车都一样，新车骑了一段时间以后，应该送到车铺检修一下，要不然小毛病会变成大毛病。

金汉成：您不说我还真不知道，光骑不修看来不行。

师　傅：好了，你试试。

金汉成：不错，您的技术真棒！多少钱？

师　傅：一共14块。

1. 听后口头回答问题

具体说说金汉成的自行车有什么毛病，师傅说应该怎么办？师傅还告诉他买了新车以后应该注意什么？

2. 填空

没气了、有点儿急事、头一天、危险、名牌、技术真棒

自行车

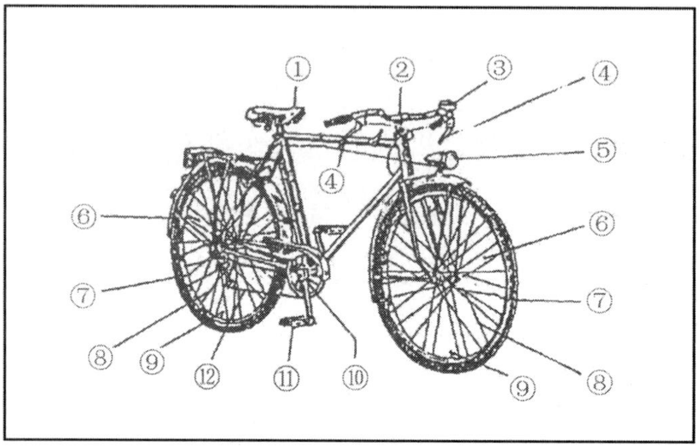

① 车座　② 车把　③ 车铃　④ 车闸　⑤ 车灯　⑥ 车轮
⑦ 车胎　⑧ 车条　⑨ 气门　⑩ 轮盘　⑪ 脚蹬子　⑫ 链子

课文(二)

听前提示：大内的照相机怎么了？什么时候在哪儿弄坏的？

情景：大内的照相机坏了，她去照相机修理部修理照相机。

大内：师傅，这相机的快门按不动了，您看是哪儿的毛病？

师傅：拿过来。是里边的问题，得放在这儿。

大内：这架照相机是新买的，没用几次就坏了，质量也太差了。

师傅：这是名牌相机，质量不错。你是不是摔了？

大内：没有啊。我想想——

师傅：你什么时候发现坏了？

大内：昨天我朋友从东京来，让我陪他去长城。在长城上他差点儿摔倒，旅行包撞在墙上了。

师傅：相机是不是在旅行包里？

大内：对，是在包里。

师傅：这就对了。不是相机的质量问题，是你使用的问题。

大内：昨天真是倒霉透了。我们好容易爬上了长城，想照张相吧，可相机又坏了，你说气人不气人？

师傅：别生气！照相机坏了可以修理，气坏了身体就麻烦了。

大内：可也是，身体比照相机重要。师傅，要修很长时间吗？

师傅：估计问题不大，换几个零件就行了，你明天来取吧。拿好这张修理单。

大内：大概多少钱？

师傅：不贵，40块钱够了。

1. 听后口头回答问题

(1) 大内的照相机是怎么弄坏的？问题大吗？要修多长时间？贵不贵？

(2) 大内为什么说昨天倒霉透了？

(3) 那位师傅是怎么安慰她的？

2. 填空

是哪儿的毛病、是不是摔了、他差点儿、你使用的、明天来取、40块钱

课文(三)

听前提示：边看图边注意玛丽的卫生间哪儿样东西坏了？

情景：宿舍的卫生间出了些问题，玛丽去服务台找服务员。

玛　丽：小姐，我房间的卫生间好几样东西都坏了，能不能找人修理一下？

服务员：都什么坏了？

玛　丽：马桶有点儿漏水，洗澡的喷头不出水，地漏也堵了。

服务员：哎哟，毛病够多的！你干什么来着？

玛　丽：星期六我过生日，好多朋友来我房间玩儿。他们走了，我一看，坏了，都坏了！

服务员：我记一下，马桶、喷头、地漏。洗脸池没问题吧？

玛　丽：噢，对了，洗脸池的水龙头开得稍微大一点儿，就出怪声。

服务员：好吧，我这就帮你联系一下。你的房间是313，电话号码是——

玛　丽：2648。

服务员：你什么时候在房间？

玛　丽：今天下午都在，最好今天下午来。

服务员：行，他们来了我通知你。

1. 听后口头回答问题

具体说说卫生间这几样东西坏的情况。坏的原因是什么？玛丽是怎么解决这个问题的？

2. 填空

卫生间、毛病够多、313、2648

课文(四)

听前提示：山本在钟表修理部做了哪几件事？

情景：山本在钟表修理部修闹钟。

山本：师傅，您帮我看看这个闹钟。

师傅：怎么了？

山本：这段时间走得一天比一天慢，开始的时候一天慢5分钟，现在已经慢1刻钟了，闹铃也不响了。

师傅：可能是电池没电了，换个电池吧。

山本：这个电池我换的时间不长，怎么这么快就没电了？

师傅：是吗？我试试。对，不是电池的毛病。放在这儿吧，三天以后来取，拿好这张单子。

山本：还有，我这手表该换电池了，帮我换一个吧。

师傅：这是纽扣电池，要进口的还是国产的？

山本：哪种的好？

师傅：差不多，进口的比国产的贵。

山本：要进口的吧。您刚才说什么来着？什么电池？

师傅：这叫纽扣电池。你看看，它的样子是不是和你衣服上的扣子差不多。

山本：是挺像的。您这儿的表带样子挺多。

师傅：你的表带也该换了，换条新的吧。

山本：行，来一条这样的吧。多少钱？

师傅：电池和表带一共35块。修闹钟的钱取的时候再付。

1. 听后口头回答问题

山本的闹钟有什么毛病？原因是什么？几天能修好？他的手表怎么了？

2. 填空

5分钟、1刻钟、怎么这么快、手表、样子挺多、35块

课文(五)

听前提示：山本的洗衣机怎么了？

情景：山本的洗衣机坏了，他给商场打电话。

山　本：您好！

售货员：您好！您找谁？

山　本：是这么回事，两个月以前我在你们商场买了一台小天鹅牌洗衣机，用着一直很好，可是昨天洗着洗着忽然坏了。

售货员：什么毛病？

山　本：到甩干的时候就不转了。

售货员：别着急，小天鹅洗衣机保修5年。你不是有一张保修卡吗？

山　本：有啊。不过我忘了放在哪儿了，我得找找。

售货员：找到以后你按上面的电话号码给修理部打个电话，他们马上就会派人去修。

山　本：是吗？那太好了！不过，上门修理是不是要花很多钱？

售货员：不用，保修期内免费修理。

山　本：太谢谢您了。

售货员：不用谢。下次洗衣机出了毛病，直接跟修理部联系就行了。

山　本：我希望没有下次了。

1. 听后口头回答问题

(1) 山本的洗衣机坏了，他是怎么解决这个问题的？

(2) 根据售货员说的，要是你的洗衣机坏了，你应该怎么做？

2. 填空

两个月以前、保修5年、免费修理、没有下次了

三 听后练习

简述上面5段课文的内容

1. 金汉成的自行车坏了，他在车铺跟修车师傅谈话。
2. 大内的照相机坏了，她在照相机修理部修理照相机。
3. 玛丽的卫生间出了些问题，玛丽去服务台找服务员。
4. 山本在钟表修理部修闹钟。
5. 山本的洗衣机坏了，他给商场打电话。

四 泛听练习

(一)修鞋

在我们的生活中，每个人每天都要走路，走路就要穿鞋。现在很多人喜欢穿皮鞋，要是你的皮鞋坏了怎么办？

如果是刚买的新鞋出了大的质量问题，在保修期内，可以带着鞋和发票去商店退换。要是小的质量问题，商店负责给你修理。

如果你的鞋已经穿了很久，你又不想把它扔了，就只好送去修理了。一般的皮鞋可以拿到私人修鞋摊儿去修，那里比较便宜，花上10块、8块就行了，而且修得很快，等一会儿就能修好。你的鞋要是上千块的高级名牌皮鞋，可别去私人修鞋摊儿，得去专门的修鞋店修理。那里有各种各样的修鞋机器，修鞋技术也是一流的。价钱嘛，当然也是一流的，比私人修鞋摊儿贵得多。

听后判别正误

(1) 皮鞋出了大的质量问题，商店负责修理。 (×)

(2) 皮鞋出小的质量问题，在保修期内，可以去商店退换。 (×)

(3) 一般的皮鞋坏了，可以去专门的修鞋店修理。 (×)

(4) 高级名牌皮鞋坏了，可以去私人修鞋摊儿修理。 (×)

(5) 修鞋摊儿的价钱很便宜，修鞋修得很快。 (√)

(6) 专门的修鞋店技术很好，价钱也很贵。 (√)

(二)织补衣服

刘小丽下个星期就要去美国留学了，她的丈夫在美国工作。想起快要跟丈夫见面了，她又高兴又激动。今天她拿出结婚时穿的衣服试了试，打算穿这套衣服去美国跟丈夫见面。可是她突然发现衣服被虫子咬了好几个洞。这套衣服是结婚前丈夫跑了很多商店亲自为她挑选的，所以很珍贵。真是倒霉透了！刘小丽急得快要哭了。

这时，她的好朋友林英来看她。看她着急的样子，就安慰她："别着急！我知道王府井有一家洗衣店。这家洗衣店有一位姓柳的老师傅，织补的技术非常高。明天我陪你去王府井，请柳师傅帮你织补一下，保证跟新的一样。"

三天以后，刘小丽取回来她的衣服，她差点儿不相信自己的眼睛了。

听后选择正确答案

(1) 刘小丽为什么一定要穿结婚时穿的衣服去美国?

A. 这套衣服非常漂亮

B. 这套衣服是在美国买的

C. 这套衣服是结婚前她丈夫亲自为她买的 ※

D. 这套衣服她穿着非常合适

(2) 刘小丽的衣服被虫子咬破了,她怎么办?

A. 她要再买一件新的

B. 她急得哭了

C. 她请好朋友林英帮助

D. 她去王府井的一家洗衣店织补 ※

(三)修理汽车

女人开车最怕汽车坏在路上。有一次，我开车去郊区的一个朋友家。开着开着，忽然汽车跑偏了，可能是轮胎出了问题。我慢慢地把车停在路边，下车一看，果然是左前轮胎没气了。我从车里拿出工具，准备自己修理，换上备用轮胎。可是我的力气没那么大，怎么扳也扳不动。坏轮胎卸不下来，新轮胎就装不上去，我只好等别人帮助了。

等了一会儿，从远处开来一辆汽车。我向司机招手，司机看了看我没停车就开走了。过了一会儿，又有一辆汽车开来。是一个年轻的司机，他停下车，一边笑一边说："车坏了吧？要不要我帮你修理？我的修车技术没的说，不过，修理费……""多少钱?"我问。他说："500块。""500块？这么贵?"我还没说完，一个穿军装的小伙子走过来对我说："您别着急，我来帮您修。""你要多少钱?"我问。他笑了笑，说："钱？你帮助别人也要钱吗?"说完就拿起工具，卸我的轮胎。不到10分钟，就把新轮胎换上了。我赶快买来矿泉水和冰淇淋，请这位解放军战士喝。他说："不渴。谢谢!”说完就走了。看着他远去的背影,我心里非常激动,今天我遇见“雷锋”了。

听后判别正误

(1) 女人开车最怕在路上遇见坏人。 (×)

(2) 有一次,“我”的车轮胎坏了,不能自己修理是因为技术不好。 (×)

(3) 第一个司机向“我”招手,可是没帮助“我”。 (√)

(4) 第二个司机愿意帮助“我”,可是技术不太好。 (√)

(5) 第三个司机帮助“我”把汽车修好了,“我”给了那个人500块钱。 (×)

(6) 第三个司机是一位像雷锋一样的解放军战士。 (√)

第7课　你吃过哪些风味小吃？

学习目的

（一）训练学生听懂有关风味小吃的话题。

（二）微技能训练：提高学生辨别分析的能力、联想猜测的能力和快速反应的能力。

学习内容

（一）16个生词，精听课文5段，泛听课文4段。

（二）听辨词语和句子。

一　听前练习

（一）词语练习

1. 听句子挑出生词，教师讲解生词

（1）他削苹果的技术很高，削下来的苹果皮又长又薄。

（2）这个菜的主要原料是牛肉和青菜，但是吸收了粤菜的特点，所以又清淡又好吃。

（3）小孩子骑着一头驴，跟着爷爷去市场买东西。

（4）这牛奶太烫了，放一会儿再喝。

（5）小王做事从来只考虑自己，所以大家都不怎么爱理他。

（6）杭州是浙江省的省会，不仅是著名的旅游城市，还是全省的经济和文化中心。

(7) 这匹马是用玉制作的，看上去非常精美。

(8) 孩子把蛋糕掰碎了给小鸟吃。

(9) 改革开放以后，中国人民的生活水平有了很大的提高。

(10) 这个小吃城，集中了全国各地有名的风味小吃，满足了人民群众的需要。

2. 听和模仿短语

削：削水果
削苹果
削铅笔
刀削面
削得很薄

烫：很烫
汤很烫
好烫啊
烫了手
烫了我的脚

理：不理
别理他
狗不理
你怎么不理我
他们谁也不理谁

碎：掰碎
摔碎
打碎
打碎了一个杯子
把饼掰碎

集中：集中精力
集中力量
集中时间学习
集中大家的意见
集中大家的经验

改革：改革经济
改革教育
改革教学方法
改革开放
实行改革开放

开放：开放经济
城市开放
思想开放
文化开放
中国的改革开放

吸收：吸收优点
吸收别人的优点
吸收别人的经验
吸收先进的技术
吸收科学研究的成果

（二）句子练习

1. 听句子，选择正确答案

（1）嘿，那个味道，别提多香了。

“别提多香了”是什么意思？

A. 不能说味道很香

B. 味道特别香 ※

C. 味道并不香

（2）谁知道包子里除了肉以外还有不少汤，那汤好烫啊！

“谁知道”是什么意思？

A. 没有人不知道

B. 没有人知道

C. 没想到 ※

（3）我倒觉得天津的狗不理包子最好吃。

这句话是什么意思？

A. 可是我觉得天津的狗不理包子最好吃 ※

B. 我不觉得天津的狗不理包子最好吃

C. 我就是觉得天津的狗不理包子最好吃

（4）他可不吃狗肉。

这句话是什么意思？

A. 可是他不吃狗肉

B. 强调他不吃狗肉 ※

C. 他可能不吃狗肉

（5）这里的拉面味道确实跟北京的不一样。

这句话是什么意思？

A. 这里的拉面味道其实跟北京的不一样

B. 这里的拉面味道真的跟北京的不一样 ※

C. 这里的拉面味道肯定跟北京的不一样

(6) 西安是陕西的省会，一定有很多好吃的东西值得尝一尝。

这句话是什么意思？

A. 只有西安这样的省会才有很多好吃的东西

B. 西安好吃的东西一定很多，去尝一尝一定会很满意 ※

C. 到西安应该去尝尝好吃的东西

(7) 我们别的菜没吃，光吃饺子就吃饱了。

这句话是什么意思？

A. 他们只吃了饺子，没吃别的菜 ※

B. 他们喜欢吃饺子，没吃别的菜

C. 因为只有饺子，他们没吃别的菜

(8) 我们说了半天外地的小吃，虽然好吃，可是现在吃不上。

这句话是什么意思？

A. 他们觉得外地的小吃很好吃，可是不知道上哪儿去吃

B. 他们觉得外地的小吃很好吃，可是现在吃不下了

C. 他们觉得外地的小吃很好吃，可是现在吃不到 ※

(9) 听说北京的风味小吃集中了全国各地小吃的特点。

这句话是什么意思？

A. 北京可以吃到全国各地的小吃

B. 北京小吃和全国各地小吃的特点差不多

C. 北京小吃具有全国各地小吃的特点 ※

(10) 听说肯德基是最早进入中国市场的洋快餐，现在在全国已经有上百家分店，其中北京就有十几家。

“上百家”是什么意思？

A. 不到一百家

B. 一百多家 ※

C. 几百家

2. 听句子，用老师给的词语做替换练习

(1) 嘿，那个味道，别提多<u>香</u>了。(甜、酸、苦、辣、咸、鲜、好)

（2）广东人有吃早茶的习惯。（山西人、醋；北方人、面食；南方人、大米；外国人、面包）

（3）那时我已经饿坏了，一口就是一个包子。（一个饺子、一个鸡蛋、一块点心、半个月饼、半个粽子）

（4）他到一家饭馆学做包子，他学得很刻苦，每天早起晚睡。（小吃、中餐、西餐）

（5）今天我请你们尝尝北京的风味小吃好不好？（上海的、广东的、陕西的、山西的、四川的）？

（6）下个月我们班的同学要去西安玩儿，那里是陕西的省会，一定有很多好吃的东西值得尝一尝。（广州、广东；成都、四川；杭州、浙江；南京、江苏）

二 听时练习

课文（一）

听前提示：这段课文的主要内容是什么？

情景：山本正从外地旅行回来，同学们来到他的房间。山本请大家看他在旅行时照的照片，介绍各地的风味小吃。

山　本：你们先看看这些照片，我给你们削苹果吃。

艾　米：还是我来吧。山本，你削苹果的样子怎么跟照片上的这位师傅做面条一样？

山　本：这就是山西有名的刀削面。这位老师傅的技术，真是太棒了。你们看，他左手拿面，右手拿刀，一下接着一下，刀不离面，面不离刀，削出的面条又薄又长。面条熟了以后，放点儿肉汤，再加点儿山西的老陈醋。嘿，那个味道，别提多香了。

大　内：噢，我想起来了，上次我们去山西大同的时候，好像吃过这样的面条，味道是不错。现在看了照片才知道为什么叫刀削面。

山　本：根据我的研究，中国风味食品的名称常常是跟小吃的原料、做法、形状等有关。你们看，这是山西的另一种有名的食品，它的样子像不像猫的耳朵？

大　内：像极了，我猜它的名字就叫猫耳朵。

山　本：没错儿。

艾　米：我知道了，北京小吃里有糖耳朵，它是用糖和面做的，样子像人的耳朵；还有一种小吃叫驴打滚儿，它的做法好像驴在打滚儿一样。

山　本：是啊，现在你觉得这些奇怪的名字容易理解了吧？

1. 听后口头回答问题

中国风味食品的名称常常跟什么有关？刀削面、猫耳朵、糖耳朵、驴打滚儿这四种食品的名称是怎么来的？

2. 填空

山西、别提多香了、山西大同、原料、做法、形状或者师傅的名字、北京

课文(二)

听前提示：这段课文的主要内容是什么？

情景：同学们一边看照片一边谈论包子。

大内：山本，这种包子是不是不好吃？看你吃包子的样子那么痛苦。

山本：哪儿啊？这是上海最有名的南翔小笼包。我们11点去那儿吃午饭，没想到已经排了很长的队了，差不多又等了一个小时才吃上。那时我已经饿坏了，一口就是一个包子。谁知道包子里除了肉以外还有不少汤，汤好烫啊。

三木：还好，那时我正在给山本照相。旁边的一个上海人知道我们是第一次吃，就告诉我应该先咬一小口，然后把里面的汤喝了，最后慢慢吃包子。说实说，我觉得这是我吃过的最好吃的包子。

山本：我倒觉得天津的狗不理包子最好吃。

大内：我可不吃狗肉。

山本：狗不理包子跟狗肉没有关系，而是跟做包子的人有关系。

大内：为什么叫这么奇怪的名字？

山本：传说在清朝的时候，天津附近住着一个少年。这个孩子的脾气特别坏，爸爸、妈妈对他没有办法。有一次他妈妈对他说："你这种坏脾气呀，真是狗不理。"意思是脾气坏得连狗都不愿意理他。狗不理的名字就这样叫开了。后来，这个少年到天津的一家饭馆学做包子。他学得很刻苦，每天早起晚睡，师傅很喜欢他，就把做包子的手艺都教给了他。他的技术越来越高，吃他包子的人也越来越多了。几年以后，他有了很多钱，自己开了一个包子店。因为人们习惯叫他狗不理，所以把他做的包子叫狗不理包子。

大内：是吗？我一定去尝一尝。

1. 听后口头回答问题

说说狗不理包子这个名称是怎么来的？

2. 填空

上海、一个小时、上海人、天津、狗不理、做包子、开了一个包子店

课文(三)

听前提示：这段课文的主要内容是什么？

情景：同学们谈论面条。

贝拉：山本，你在北京还没吃够牛肉拉面吗？还跑到兰州那么远的地方吃？

山本：我们是去嘉峪关玩儿的时候顺路去的。不过，真正的牛肉拉面你只有在兰州才能尝到。

三木：你们一定不相信，我们下午5点到的这家饭馆，已经关门了。

大内：怎么回事？去吃面条的人太少了？

三木：哪儿啊，这家饭馆有个规定，每天只做20袋面粉的拉面。每袋是50斤。这些面条卖完了，饭馆就关门。所以为了吃拉面，第二天中午我

们就去了。这里的拉面味道确实跟北京的不一样。

贝拉：我喜欢吃意大利面条，不爱吃有汤的面条。

山本：这好说，北京的炸酱面、四川的凉面都没有汤。听说方老师的爱人做的面条特别好吃，吃了一碗还想吃第二碗。哪天我们去方老师家，请他的爱人给咱们做炸酱面吃。贝拉，炸酱面好吃，好做，又好学，你可以学一学。

三木：那太好了，贝拉学好以后给我们做。

贝拉：我做的面条也会让你们吃了一碗还想吃第二碗。

1. 听后口头回答问题

兰州的那家牛肉拉面馆有什么特点？上面提到的四种面条有什么不同？

2. 填空

兰州、兰州、20、50、有汤、北京、四川

课文(四)

听前提示：这段课文的主要内容是什么？

情景：同学们谈论陕西的风味食品。

安娜：山本，下个月我们班的同学要去西安玩儿，那是陕西的省会，一定有很多好吃的东西值得尝一尝。

山本：你先看看这张照片。

安娜：我看不出来。这么多东西，是什么？

山本：这是饺子宴，这些都是饺子，一共30多种。样子各不相同，里面的馅儿也不一样。

安娜：啊，真的，没有别的，都是饺子。这么精美，真像用玉制作的。

山本：不但好看，而且好吃。

安娜：这么多种，一样尝一个，就吃饱了。

山本：可不是，你们女同学肯定吃不了。

安娜：除了饺子宴还有什么？

山本：你看，这是羊肉泡馍，也是有陕西地方特色的风味食品。

安娜：你们干吗把饼掰碎？

山本：这不叫饼，陕西人叫馍。吃的时候自己用手把馍掰碎，然后服务员给你加上羊肉汤，就可以吃了。

安娜：要是不喜欢吃羊肉怎么办？

山本：没关系，还有牛肉泡馍。

1. 听后介绍一下饺子宴

2. 填空

西安、30多、陕西地方特色、牛肉

课文（五）

听前提示：这段课文的主要内容是什么？

情景：他们从外地的小吃谈到北京的小吃。

艾米：山本，我们说了半天外地的小吃，虽然好吃，可是现在吃不上，还是说说咱们今天晚上吃什么吧。

山本：好，今天我请你们尝尝北京的风味小吃好不好？

大内：我同意。听说北京的风味小吃集中了全国各地小吃的特点，也讲究色、香、味、形，既好吃又好看。

山本：对，北京小吃有好几百年的历史了，种类也很多，常见的就有一百多种，干的、稀的、甜的、咸的、凉的、热的，可以任意挑选。

艾米：元宵节吃的元宵，端午节吃的粽子也是小吃吧？

山本：是。小吃还跟传统节日有关系。元宵节前后每个小吃店都增加了元宵的品种，端午节前后每个小吃店都卖各种各样的粽子，满足群众的需要。

大内：别说了，咱们快走吧。

艾米：上哪儿去？

山本：你们跟我走，咱们上都一处吃烧麦去。

1. 听后口头回答问题

这段课文介绍了北京小吃的哪些方面？

2. 听后根据课文的内容连线

春　节	吃元宵
元宵节	吃粽子
中秋节	吃饺子
端午节	吃月饼

3. 填空

北京的风味、一百多、传统节日、都一处吃烧麦

三　听后练习

（一）根据课文的内容连线（食品的名称和什么有关系？）

刀削面	原料和形状
猫耳朵	做法
糖耳朵	师傅的名字
狗不理包子	形状

（二）根据课文的内容连线（南翔小笼包的吃法）

先	把里面的汤喝了
然后	慢慢吃包子
最后	咬一小口

（三）判别正误

1. 北京的牛肉拉面比兰州的好吃。（×）
2. 北京的炸酱面有汤，四川的凉面没有汤。（×）
3. 山本和三木喜欢吃意大利面条。（×）

4. 方老师的爱人做的炸酱面特别好吃。 (√)

5. 贝拉做的炸酱面也很好吃。 (×)

6. 吃了一碗还想吃第二碗的意思是做的饭菜很好吃。 (√)

7. 陕西有名的风味食品是饺子宴和羊肉泡馍。 (√)

8. 吃羊肉泡馍时服务员用手把馍掰碎，给加上羊肉汤。 (×)

（四）口头回答

下面哪个句子跟北京小吃没有关系？

1. 集中了全国小吃的特点。

2. 讲究色香味形。

3. 既好吃又好看。

4. 是用狗肉做的。※

5. 有好几百年的历史。

6. 好吃、好做、又好学。※

7. 种类很多。

8. 跟现代节日有关系。※

四 泛听练习

（一）广东早茶

你知道吗？广东人有吃早茶的习惯。广东人吃早茶不是在家里喝茶，而是去小吃店一边喝茶一边品尝各种制作精美的小吃。

早上，当你走进一家小吃店，找个座位坐下，服务员马上就给你端来一壶茶。另外的服务员推着一辆小车在桌子旁边走来走去。你可以从小车上选择你爱吃的东西。要是你想吃小车上没有的东西，师傅马上制作，一会儿你就能吃到。

有的广东人吃早茶从早上吃到中午，一些生意人在这里一边吃早茶一边谈生意，肚子吃饱了，生意也谈好了。人们在这里既享受美好的生活，又进行着紧张的工作，什么都不耽误。

听后判别正误

(1) 广东人喜欢在家里喝早茶。 (×)

(2) 广东人喜欢去小吃店一边喝茶一边品尝各种精美的小吃。 (√)

(3) 你找个座位坐下以后，服务员马上端来你爱吃的东西。 (×)

(4) 要是你想吃的东西小车上没有，服务员马上制作。 (×)

(5) 广东人都喜欢一边吃早茶一边谈生意，他们从早上一直吃到中午。 (×)

(二)小鸡出生以前叫什么？

布朗是英国人，他是A班的学生。有一天他去饭馆吃饭，服务员问他吃什么，他很紧张。因为他的汉语水平不高，他会说的今天不想吃，今天想吃的又不会说。

怎么办呢？他想了想，啊，有办法了。他从书包里拿出一本画报。画报上画着一只鸡，他高兴极了，他指着那只鸡问服务员："这是什么？"服务员回答："这是公鸡。"他又问："公鸡的爱人叫什么？"服务员告诉他叫"母鸡。""它们的孩子叫什么？"布朗问。服务员说："叫小鸡。"布朗高兴地说："对，小鸡出生以前叫什么？我想吃那个。"服务员立刻说："我明白了，我明白了。"

这时，布朗和服务员的头上都出了很多汗。

听后口头回答问题

布朗想吃的东西是什么？你知道吗？

(三)明天吃饭不要钱

有个年轻人去外地旅行，一天，他看见一家饭馆门前放着一块牌子，牌子上写着："明天在这里吃饭不用付钱。"这个年轻人高兴极了。他想：

我出来旅行快一个月了，逛了很多地方，钱也快花光了。明天我可以在这里痛痛快快地吃上一顿。于是他当天晚上没有吃饭，等着明天一起吃。

第二天饭馆刚刚开门，他就走了进去。他走到一张桌子前边坐下，要了很多好吃的饭菜，还要了一瓶啤酒，一边吃，一边喝。酒足饭饱以后，就要离开。这时服务员走过来，说："先生，您还没有付钱呢！"年轻人说："什么？今天在这里吃饭不用付钱。""谁说的？"服务员问他。年轻人指着门外的牌子大声地说："那上边写得清清楚楚！"

老板也走过来对他说："年轻人，你看仔细，把上面的字念一念。"年轻人大声地念："明天在这里吃饭不用付钱！""对，明天吃饭不用付钱，可是今天吃饭是要付钱的。你这顿饭一共156块，付钱吧。"这个年轻人只好付了156块。

听后选择正确答案

（1）那个年轻人为什么去这家饭馆吃饭？

A. 他很饿。

B. 他没钱了。

C. 他想吃饭不付钱。※

D. 这家饭馆有好吃的东西。

（2）老板为什么让那个年轻人付钱？

A. 年轻人吃了很多东西。

B. 牌子上写了应该付钱。

C. 服务员不让年轻人付钱。

D. 牌子上没写今天吃饭不用付钱。※

（四）洋快餐

洋快餐进入中国以后，就像它的名字一样，发展的速度像飞一样快。肯德基是最早进入中国市场的洋快餐，现在在全国已经有几百家分店，其中北京就有几十家。后来麦当劳、必胜客比萨饼等等也来到中国，在很多城市发展很快。洋快餐进入市场跟中国的改革开放有关系，跟中国人生活水平的提高也有关系。

洋快餐的价钱一般都比中国的传统小吃贵得多，而且品种没有中国的小吃那么丰富。可是很多人喜欢吃洋快餐。为什么呢？一个是因为它干净方便，一个是因为它的用餐环境和服务很好。特别是小孩子很喜欢吃，常常让家长带他们去。现在很多中国小吃店已经注意到吸收洋快餐的优点，向洋快餐学习，努力发展中国的传统小吃，使人们吃到更多更好的中国快餐。

听后选择正确答案

（1）哪种洋快餐最早来到中国?

A. 麦当劳

B. 肯德基　※

C. 必胜客比萨饼

（2）洋快餐进入中国市场跟什么有关系?

A. 发展速度像飞一样快

B. 中国的改革开放　※

C. 中国人的生活水平提高了

D. 价钱便宜

（3）洋快餐跟中国的小吃有什么不同?

A. 价钱比中国小吃便宜

B. 品种比中国小吃丰富

C. 干净方便，用餐环境和服务比中国小吃店好　※

第8课　你的名字是什么意思？

学习目的

（一）训练学生听懂有关姓和各方面的话题。

（二）微技能训练：提高学生辨别分析的能力、联想猜测的能力和快速反应的能力。

学习内容

（一）19个生词，精听课文5段，泛听课文4段。

（二）听辨词语和句子。

一　听前练习

（一）词语练习

1. 听句子挑出生词，教师讲解生词

（1）在汉语里，一些外来词的译音非常有意思，如可口可乐、咖啡等。

（2）中国姓李的人遍地都是，据统计在中国姓李的人最多。

（3）广东省是中国经济最发达的地区之一。

（4）兰花、莲花、菊花、梅花是春、夏、秋、冬四季的名花。

（5）小丽喜欢听流行歌曲，很崇拜那些歌星。

（6）他是一名地质工程师，常年在外面工作。

（7）银行的营业员告诉我，取美元可以写汉字，也可以写符号和字母，但钱数填好后就不能再涂改了。

（8）张老师说话的声音很响亮，虽然教室很大，但我们都能听得清清楚楚。

（9）一般来说，你可以根据一些动词来判断人的名字。

（10）高教授现在当了大学校长，他的职务是校长，职称是教授。

（11）中国人的姓氏反映着中国的历史和文化。中国人的名字，能反映出起名字的人的文化水平和思想道德观念。

2. 听句子，根据句意猜老师指出的词语的意思

（1）书里面收了单姓和复姓一共484个，复姓不都是两个字的。

（2）我常听中国人说"张王李赵遍地流（刘）"，是不是说姓张的人最多？

（3）以前起名字多用两个字，现在用一个字的越来越多了。这样叫起来很方便，写起来也容易。可是同名的人太多，带来很大的社会问题。

（4）这人有毛病，上海一日千里地发展，能等着她和她的孩子吗？

（5）每个人一本护照，签名既不能重写，也不能涂改。

（6）哥，你的电话。长途，上海打来的。

（7）我给一个朋友打电话，这个朋友是公司的经理。他的秘书接电话，说："对不起，经理正在开会，现在不接电话。您有什么事我可以转告吗？"

（二）句子练习

1. 听句子，口头回答问题

（1）我姓李，因为生在上海，所以我父母给我起名字叫李沪生。

问：他为什么叫李沪生？

（2）丁兰的父母给她起这个名字，是因为她是春天生的，她的父母特别喜欢兰花。

问：丁兰的名字是怎么来的？

(3) 现在男孩子女孩子的名字都差不多，从名字上很难分出谁是男孩谁是女孩。

问：为什么现在从名字上很难分出谁是男孩谁是女孩？

(4) 李四光是中国著名的地质学家，原中国地质部部长，在中国他的名字连刚上小学的孩子都知道。

问：在中国为什么连刚上小学的孩子都知道李四光？

(5) 一般来说，对年纪大的人，或者比自己大的人，要称呼“老什么”，把“老”字放在姓的前边，表示尊敬。

问：对年纪大的人或者比自己大的人，为什么要称呼“老什么”，把“老”字放在姓的前边？

(6) 对比自己小的人，或者年轻人，可以叫“小什么”，把“小”字放在姓的前边，表示亲切喜爱。

问：对比自己小的人或者年轻人，为什么叫“小什么”，把“小”字放在姓的前边？

2. 听句子，判别正误

(1) 中国的姓氏繁多，正是历史和文化发达的象征。

意思是中国人的姓氏和中国的历史和文化有关系。(√)

(2) 一些汉字在姓氏里跟平时的读法不一样。姓氏的读音是从古代传下来的。

意思是中国人的一些姓氏在古代和现在的读法不一样。(×)

(3) 每个人的名字各有特点，但是大都能反映出起名字的人的文化水平和思想道德观念。

意思是从一个人的名字里可以看出这个人的文化水平和思想道德观念。(×)

(4) 你就在本市，我妹妹以为你是从上海打来的电话呢。

意思是这个电话不是从上海打来的，是从别的城市打到本市来的。(×)

(5) 中国人第一次见面总是要问:"您贵姓?"这是因为原来不认识的人知道了姓以后,就可以称呼对方了。
意思是不认识的中国人第一次见面问:"您贵姓?"是为了称呼对方。(√)

(6) 一般人的名字在词典里查不到,应该掌握判别人名的方法。
意思是掌握判别人名的方法,就很容易在词典里查到一般人的名字。(×)

二 听时练习

课文(一)

听前提示:这段课文的主要内容是什么?

情景:课间休息的时候,金汉成向方老师请教有关中国人的姓和名的一些问题。

金汉成:方老师,听说中国古代有一本书叫《百家姓》,排在前面的姓是赵、钱、孙、李,是不是那时候姓这几个姓的人很多?还有,《百家姓》真的只有一百个姓吗?

方 龙:《百家姓》的"百"是多的意思,书里面收了单姓和复姓一共484个。这本书是宋朝一个姓钱的人写的。因为宋朝的皇帝姓赵,所以赵排在第一。明朝的一个人写了一本《千家姓》,因为皇帝姓朱,朱就排在第一了。

金汉成:我知道了,姓钱的人写了这本书,所以钱就排在第二。

方 龙:这是一种传说。还有一种说法:当时一些重要的人姓钱、姓孙、姓李,所以钱、孙、李就排在前面。

金汉成:您刚才提到的复姓都是两个字吗?

方 龙:两个字的多,但也有三个字的、四个字的,其中有一些是少数民族语言的译音。

金汉成：那么多的姓是怎么来的呢？是不是跟中国的历史文化有关系？

方　龙：中国的姓氏繁多，正是历史和文化发达的象征。古代的中国人崇拜动物，所以就有以动物为姓的，比如牛、马、羊、熊、龙等等；也有以国家为姓氏的，比如赵、周、鲁、夏等等；还有以官名为姓的，比如司马、司徒。

1. 听后选择正确答案

这段课文的主要内容是什么？

A. 介绍《百家姓》和《千家姓》这两本有关中国人姓氏的书

B. 中国人的姓氏既有单姓又有复姓

C. 中国人的姓氏很多，也很复杂

D. 中国的姓氏繁多,跟中国的历史和文化有关　※

2. 听后口头回答问题

(1)《百家姓》的第一个姓为什么是“赵”?《千家姓》的第一个姓为什么是“朱”?

(2) 在中国有以动物为姓的，有以国家为姓的，有以官名为姓的，还有的姓是少数民族的译音，这些说明了什么？

3. 填空

百家姓、百家姓、484个、排在第一、前面、历史文化

课文(二)

听前提示：这段课文的主要内容是什么？

情景：方老师和山本讨论有关中国人的姓氏的一些问题。

山本：方老师，我常听中国人说：“张王李赵遍地流（刘）”，是不是姓张的人最多？

方龙：不是的，根据最新的统计和研究，中国有56个民族，姓氏有上万个，单姓5000多个，两个字的复姓4000多个，三到九个字的姓有两

千多个，其中姓李的人口超过了9200万。

山本：这么说，李是世界第一大姓了。那，排在李后面的姓是什么？

方龙：我记得排在前10位的是李、王、张、刘、陈、赵、黄、周、吴和郑。

山本：是吗？姓黄的有那么多吗？

方龙：这是统计出来的，应该没有问题。北方人姓李、王、张、刘的人多，南方人姓陈、赵、黄的多。

山本：对了，方老师，有些姓的发音跟平时我们念的不一样。了解的“解”字，在姓氏里不读jiě，而读xiè；检查的“查”字，在姓氏里读zhā，不读chá；还有中华的“华”，在姓氏里读huà，不读huá。

方龙：你说得对，这些汉字在姓氏里跟平时的读法不一样。姓氏的读音是从古代传下来的。从古到今，汉字的读音变化很大，这些姓氏的读音正好可以帮助我们了解很多汉字古时候的发音。

1. 听后选择正确答案

这段课文的主要内容是什么？

A. 李是中国和世界第一大姓

B. 中国的十大姓氏

C. 中国常见的姓和一些姓的读音　※

D. 中国常见的姓一直在变化

2. 听后口头回答问题

听了这段课文你了解了哪些新的信息？

3. 填空

56个、上万个、5000、4000、两千、8700、北方人、南方人、发音、变化很大

课文(三)

听前提示：这段课文的主要内容是什么?

情景：晚上艾米和大内来到丁兰的宿舍玩儿，她们谈中国人的名字的话题。

大内：丁兰，你父母给你起这个名字，是因为他们很喜欢兰花吧?

丁兰：猜得不错，还有一个原因，我是春天出生的，正是兰花开花的时候。你怎么突然想到这个问题?

大内：这两天上课学的、下课谈的都是中国人的姓名问题，所以我想到你的名字。

艾米：听你这么一说，我知道了，从名字可以知道他是什么时候出生的。比如，叫"莲"的是夏天出生的，叫"菊"的是秋天出生的，叫"梅"的是冬天出生的。

丁兰：艾米真聪明。你说的是女人的名字，男的常常直接叫春生、秋生、冬生什么的。

大内：我发现很多人的名字反映了时代特点，李建国、陈文革、孙亚运，一听就知道是什么时候出生的。我很想知道现在中国人起名字有没有新的变化。

丁兰：怎么说呢? 每个人的名字各有特点。但是大都能反映出起名字的人的文化水平和思想道德观念，同时也反映出父母对孩子的希望。比如"健康"、"幸福"什么的，都用一些好听的词。没有人叫"张有病"、"王要死"的。要说变化当然有，比如过去常用"有财"、"来福"这样一些词起名字，现在这样的名字很少见了。这也反映出了人们思想观念的变化。

1. 听后选择正确答案

这段课文的主要内容是什么?

A. 中国人的名字各有特点　※

B. 中国人的名字反映了时代特点

C. 中国人的名字与出生有关

D. 中国人的名字过去与现在基本上没有变化

2. 听后口头回答问题

(1) 中国人为什么用“兰”、“莲”、“菊”、“梅”等起名字？在这方面，男的和女的有什么不同？

(2) “李建国”、“陈文革”、“孙亚运”这些名字反映了什么？表示了什么？

(3) 为什么没有人叫“张有病”、“王要死”？为什么现在很少有人叫“有财”、“来福”这样的名字？

(4) 听了这段课文你了解了什么新的信息？

3. 填空

兰花、春天、兰花、夏天、秋天、冬天、时代特点、文化水平、希望、变化

课文(四)

听前提示：这段课文的主要内容是什么？

情景：丁兰、大内、艾米继续谈中国人起名字的话题。

艾　米：我听说还有一个变化，女孩子的名字很少用“花”、“草”、“香”、“秀”了，也用“军”、“伟”、“国”、“平”什么的，跟男孩子的名字差不多。

丁　兰：对，现在男孩子女孩子的名字都差不多，很难从名字看出是男的还是女的。

大　内：我觉得这样不太好。还是能从名字看出是男是女比较好。

丁　兰：我倒觉得这样没有关系。名字只是一个人的符号，叫什么都可以。但是，以前起名字多用两个字，现在用一个字的越来越多了。

大　内：这样叫起来是不是很方便，写起来也容易？

丁　兰：可是同名的人太多，带来很大的社会问题。

艾 米：什么社会问题？

丁 兰：你想啊，在一个单位里，有四个叫王丽的。要是有人说王丽星期天结婚，你去哪个王丽家参加婚礼？

艾 米：是挺麻烦的。我们国家也有这样的问题。女的叫玛丽、安娜、珍妮的特别多，男的叫彼得、约翰、乔治的特别多。常常分不出别人说的是哪个人。

1. 听后选择正确答案

这段课文的主要内容是什么？

A. 现在男孩子女孩子的名字都差不多

B. 起名字用一个字叫着方便，写着容易

C. 同名的人太多，带来很大的社会问题

D. 起名字关系到区分男女、区分不同个人的社会问题 ※

2. 听后口头回答问题

（1）现在中国人在起名字方面的另一个变化是什么？你觉得怎么样？

（2）你们国家有同名的问题吗？女的叫什么的比较多？男的叫什么的比较多？

3. 填空

差不多、男的还是女的、一个字、社会问题、分不出

课文（五）

听前提示：这段课文的主要内容是什么？

情景：丁兰、大内、艾米正在谈话，有人敲门，丁兰连忙去开门。

来人：请问，张颖住在这儿吗？

丁兰：你找哪个张颖？是大张颖还是小张颖？

来人：我也不清楚。噢，她身高大约1米60，短头发。

丁兰：你找的是小张颖。她住304房间。

来人：谢谢你！

丁兰：不用客气。

大内：刚才你们说大张颖小张颖，这是怎么回事？

丁兰：这就是刚才我说的同名带来的麻烦。我们系有两个叫张颖的女同学，她们都是天津人。年纪大的叫大张颖，年纪小的叫小张颖。

艾米：这种叫法不错。不是把她们区别开了吗？

丁兰：听大张颖说，天津叫张颖的特别多，而且越来越多。1955年有54个张颖，1972年有191个张颖，现在有2130个叫张颖的了。叫张力、张健、张英的也超过了2000人。你说要是在天津找一个叫张颖的人难不难？

大内：是啊，大张颖、小张颖、高张颖、矮张颖、胖张颖、瘦张颖，还是区别不开。

丁兰：这还不如直接叫三个字呢。

1. 听后选择正确答案

这段课文的主要内容是什么？

A. 介绍两个同名的人

B. 天津人喜欢用一个字起名字

C. 同名给人们带来的麻烦　※

D. 怎样区别同名的人

2. 听后口头回答问题

大张颖和小张颖是怎么回事？在你们国家同名的人怎么区别？

3. 填空

1米60、304、54个、191个、2130个、2000人

三 听后练习

（一）快速口头回答问题

1. 除了课文中说到的，你还知道别的复姓吗？
2. 除了课文中说到的，你还知道哪些汉字在姓氏里跟平时的读法不一样？
3. 你遇到过同名的中国人吗？
4. 在你们国家同名的人多吗？你们怎么区别？
5. 看到一个中国人的名字，你能看出是男的还是女的吗？
6. 看到一个中国人的名字，你能了解到一些有关这个人的信息吗？
7. 有一个人叫付明，他是办公室的主任，大家都叫他付主任，可他不喜欢别人这么叫他，你知道为什么吗？
8. 爸爸妈妈给兄弟俩起名叫“李健”、“李康”，表示了什么？

（二）根据课文内容想一想

从下列人名你能了解到一些什么信息？

王沪生、张京生、汤六一、孙国庆、张雨生、李雪

四 泛听练习

（一）名字的笑话

我姓李，因为生在上海，所以父母给我起名叫李上海。没想到很多人把我的名字当做地名，闹了不少笑话。

一次我给一个朋友打电话，是他妹妹接的，问我是谁，我说我是上海。她放下电话大声地说：“哥，你的电话。”我朋友问她：“哪儿来的？”朋友的妹妹说：“长途，上海打来的。”我朋友接过电话一听是我，我们都哈哈地笑了。他说：“你就在本市，我妹妹以为你是从上海打来的呢。”

还有一次，我给另一个在某公司当经理的朋友打电话。他的秘书接电话说：“对不起，经理正在开会，现在不接电话。您有什么事我可以转告

他。”我说：“我是上海，是他的朋友。”秘书一听上海，马上说：“您等一下儿，我去找他，经理没说不接长途电话。”

更可笑的是那次我跟爱人和孩子回上海看父母。我们从火车站出来，我走得很快，爱人在后边叫我：“上海，上海，等等我和孩子！”旁边的人都看她，以为她神经有毛病。一个姑娘小声地说：“这人有毛病，上海一日千里地发展，能等着她和她的孩子吗？”

1.听后判别正误

(1)“李上海”这个名字闹了很多笑话。(√)

(2)“李上海”在本市打电话，朋友的妹妹以为是从上海打来的长途。(√)

(3)经理开会的时候不接长途电话。(×)

(4)“李上海”的爱人神经有毛病。(×)

(5)人们误会了“李上海”的爱人。(√)

2. 听后口头回答问题

一般人在电话里说“我是上海”是什么意思？

(二)李四光

李四光是中国著名的地质学家，原中国地质部部长。在中国他的名字连刚上小学的孩子都知道。

李四光原来不叫这个名字。他十四岁的时候去日本留学。填写护照的时候，一不小心，把年龄十四岁写在姓名一栏里了。他刚写了十四，就发现错了。每个人一本护照，签名既不能重写，也不能涂改，李四光非常着急。这时，他突然想出了一个办法。“十”字加上“八”和“子”，改成了“李”，因为他正好姓李。可是“四”字怎么办呢？“四”字不容易改，只好这样了。表上的姓名是“李四”，李四这个名字不太好听，而且在中国叫李四的人太多了。他想了想，应该再加上一个字，加一个响亮好听的字，于是他就在“李四”的后面加了一个“光”字，成了“李四光”。后来他一直就叫李四光了。

听后判别正误

(1) 李四光曾经是中国地质部部长。 (√)
(2) 李四光在中国非常有名。 (√)
(3) 李四光原来不叫李四光。 (√)
(4) 在填写护照的时候他在姓名栏里写了年龄。 (√)
(5) 在中国有很多叫李四的人。 (√)
(6) “十”字加上“八”和“子”念“李”。 (√)
(7) “光”是一个响亮好听的字。 (√)

(三)中国人的姓

中国人第一次见面总是要问：“您贵姓?”这是因为，原来不认识的人知道了姓以后，就可以称呼对方了。比如：“您贵姓?”“我姓郭。”“您好！郭先生。”或者说：“您好！郭小姐。”

在互相称呼的时候，中国人不直接称呼姓。不能说“王，怎么怎么样”，或者“李，怎么怎么样”。不熟悉的人可以叫“王先生”、“李先生”、“王教授”、“李教授”、“王大夫”、“李大夫”等等，熟悉的人可以叫“老王”、“老李”、“小王”、“小李”。一般来说，对年纪大的人，或者比自己大的人，要称呼“老什么”，把“老”字放在姓的前边，表示尊敬；对比自己小的人，或者年轻人，叫“小什么”，把“小”字放在姓的前边，表示亲切喜爱。

听后判别正误

(1) 中国人初次见面总是要问“你叫什么”。 (×)
(2) 知道了对方的姓，称呼就方便了。 (√)
(3) 一个人姓王，你可以说：“王，你身体好吗?” (×)
(4) 对熟悉的人可以叫“王先生”、“王教授”、“王大夫”。 (×)
(5) 对不熟悉的人可以叫“老王”、“小王”。 (×)
(6)“老”放在姓的前边表示亲切喜爱。 (×)
(7)“小”放在姓的前边表示尊敬。 (×)

（四）怎样判断人名

艾米：方老师，在听别人说话或者看书的时候，常常遇到人的名字，怎么知道一个生词是人的名字呢？

方龙：你的问题很重要，一般人的名字在词典里查不到，应该掌握判别哪个生词是人名的方法。

艾米：那您快给我讲讲。

方龙：我先说一个句子，你听这个句子里边哪个生词是人的名字？好，请注意听：我们班有一个叫Cháng Chéng的同学。

艾米：Cháng Chéng是人的名字。

方龙：对，Cháng Chéng是人的名字，不是我们游览的那个长城。你怎么知道Cháng Chéng是人的名字？

艾米：因为动词“叫”的后边常常是人的名字。

方龙：对，这就是一个方法，根据动词“叫”来判断。你再听，Shí Měiyuán在银行工作。

艾米：Shí Měiyuán是人的名字。

方龙：为什么？

艾米：因为“工作”是人做的动作，所以Shí Měiyuán不是10个美元的意思，它是人的名字。

方龙：很好。我再说一个例子。在火车站，我看见Sòng Rén教授了。

艾米：Sòng Rén是不是人的名字？

方龙：是。这里的Sòng Rén是人的名字。

艾米：为什么呢？

方龙：在教授、老师、大夫、经理、校长、主任这样一些表示职务、职称的词的前边或者后边常常是人的名字。所以这里的Sòng Rén是人的名字，不是去火车站“送人”的意思。

艾米：我明白了。谢谢您。

根据课文中介绍的方法，判别下列句中哪个生词是人名并把各个人名写出来（只写拼音）

(1) 这是窦浩的词典，那是关新的杂志。 Dòu Hào Guān Xīn

(2) 孩子们最爱听黄牛老师讲故事。 Huáng Niú

(3) 华兵拉着妹妹的手一边走一边唱。 Huà Bīng

(4) 在楚国有一个叫卞和的人。 Biàn Hé

(5) 刘大嫂有个儿子叫武小石。 Wǔ Xiǎoshí

(6) 老师让英雯回答这个问题。 Yīng Wén

(7) 谈国庆住在四楼327房间。 Tán Guóqìng

(8) 董科学笑了笑，大声地说："我明天就回来。" Dǒng Kēxué

(9) 白杨是一个著名的电影演员。 Bái Yáng

(10) 村里在这个电影里演一个老农民。 Cūn Lǐ

(11) 我妹妹的朋友林立春明天从上海回来。 Lín Lìchūn

(12) 江和海一句话也没说，一个人坐在后面抽烟。 Jiāng Héhǎi

(13) 参加座谈会的还有院长辛社会和副院长申秋。 Xīn shèhuì, Shēn Qiū

(14) 信新副市长明天来给我们做报告。 Xìn Xīn

(15) 办公室主任严丽跟我们一起参加了这个活动。 Yán Lì

第9课　这茶味道怎么样？

学习目的

（一）训练学生听懂有关茶馆、喝茶方面的话题。

（二）微技能训练：提高学生辨别分析的能力、联想猜测的能力和概括总结的能力。

学习内容

（一）16个生词，精听课文5段，泛听课文3段。

（二）听辨词语和句子。

一　听前练习

（一）词语练习

1. 听句子挑出生词，教师讲解生词

（1）小王这几天很难过，因为他爷爷上个星期去世了。

（2）丽丽当了妈妈以后胖多了，那件漂亮的旗袍穿不了了，她觉得很可惜。

（3）葵花的子可以做成一种小食品——葵花子，吃起来很香。

（4）衣服和裤子的颜色要配合得适当，红配绿是绝对不可以的。

（5）勇敢的皇帝只带着一名侍从就去山里打猎了。

（6）不能用100℃的水泡茶，最好用70℃～80℃的水。

（7）他渴极了，用杯子从河里舀了水就喝。

(8) 在那个村子里，人们现在还用柴做饭。

(9) 现在年轻人交往的形式多种多样，甚至不用见面，通过计算机、电话、信等就能成为好朋友。

(10) 这座房子的建造者技艺高超，他们把东方和西方的建筑特点结合在一起了。

(11) 大家都觉得茶馆里一定很热闹，可是现在新开的一些茶馆的环境非常幽雅。

2. 根据听到的短语连线：(一件旗袍、环境幽雅、勇敢的孩子、高超的技艺、社会交往、艺术形式、互相结合、去世以后、非常可惜)

一件	孩子
环境	交往
勇敢的	旗袍
高超的	形式
社会	结合
艺术	幽雅
互相	技艺
去世	可惜
非常	以后

(二) 句子练习

1. 说说下列俗语的意思

(1) 在家里我们喝红茶，来中国以后喜欢花茶了。这叫入乡随俗。

(2) 有人说："天下茶馆在中国，中国茶馆在成都。"

(3) 茶沏上以后得泡一会儿，然后把第一遍沏出的茶倒掉。这叫"酒吃头杯，茶喝二盏"。

(4) 中国人有一句老话："开门七件事：柴、米、油、盐、酱、醋、茶。"

(5) 中国人又有一句新话："娱乐七件事：琴、棋、书、画、诗、曲、茶。"

2. 听句子，口头回答问题

（1）我们刚刚学了《去茶馆学汉语》，今天就来实践了。

问：今天他们来做什么？

（2）老舍茶馆我来过好几次了，都是陪别人来的。

问：他来茶馆的目的是什么？

（3）老大爷说：我喜欢来这儿喝茶、听京剧。有机会还能唱上一段。

问：老大爷来这儿的目的是什么？

（4）老大爷说：音乐茶座是年轻人去的地方，我一听那种音乐就头疼。

问：老大爷对音乐茶座有什么看法？

（5）给客人倒茶，不能把杯子倒满，要倒八分满。

问：给客人倒茶有什么讲究？

（6）茶艺馆的环境幽雅，播放的音乐声音轻柔，人们也不大声说话。

问：茶艺馆的环境幽雅的一个原因是什么？

二 听时练习

课文(一)

听前提示：在茶馆里除了喝茶以外还可以做什么？常来茶馆有什么好处？

情景：方云天和艾米来到前门老舍茶馆。

方云天：到了，你认识这儿吧？

艾　米：这不是前门吗？

方云天：你看前边……

艾　米：老舍茶馆。我们刚刚学了《去茶馆学汉语》，今天就来实践了。

方云天：咱们进去吧。

艾　米：好。我早就听说前门有个老舍茶馆，今天是第一次来。

方云天：我来过好几次了，都是陪别人来的。

艾　米：我看过老舍先生写的话剧《茶馆》，这个茶馆跟老舍先生有关系吗？

方云天：要说有关系也有关系，要说没关系也没关系。

艾　米：什么意思？

方云天：要说有关系嘛，老舍先生的《茶馆》在中国太有名了，中国人一说起茶馆就想起老舍，一说起老舍就想起茶馆。老舍和茶馆已经分不开了。

艾　米：那怎么又说没关系呢？

方云天：你想啊，老舍先生早就去世了，这个茶馆的老板能是老舍吗？这个茶馆是一位姓尹的先生开的，他热爱老舍先生，也非常喜欢京剧。你看这照片，这位就是尹先生。

艾　米：这些小姐都穿着花旗袍，真漂亮。

方云天：咱们先喝茶，吃点儿点心，一会儿表演就开始。

艾　米：今天来这儿的人真多。

方云天：这里已经成了北京一处新的名胜，每天有很多中外游客到这儿来。对了，要是有时间，你可以常来坐坐，一定会更多地了解北京的民俗，交更多的朋友。

艾　米：没错儿，可惜这儿离学校太远了。

1. 听后口头回答问题

（1）在茶馆里除了喝茶以外还可以做什么？常来茶馆有什么好处？

（2）听课文以后你了解了什么新的信息？

2. 填空

实践、好几次了、分不开、表演就开始、交更多的朋友

课文（二）

听前提示：今天晚上他们可以看到什么节目？

情景：方云天和艾米一边喝茶一边看表演。

艾　米：今天晚上都有什么节目?

方云天：京剧、杂技、曲艺。

艾　米：什么是曲艺?

方云天：曲艺是说和唱的艺术。你知道相声吧？相声就是曲艺的一种。

艾　米：曲艺还有别的吗?

方云天：有，一会儿你就看到了。

艾　米：先演什么?

方云天：京剧。你喜欢看京剧吗?

艾　米：喜欢，我看过好几回京剧了。

方云天：开演了。这个节目是《四郎探母》，你听得懂吗?

艾　米：听不懂。可是我看他们穿的衣服特别好看，音乐也非常好听，所以我很喜欢看。

方云天：来，喝茶。这茶味道怎么样?

艾　米：我不太懂茶。我们班的金汉成是饮茶专家，他对茶很有研究。不过，我觉得这茶味道不错。是茉莉花茶吗?

方云天：是。北方人爱喝花茶，特别是茉莉花茶。这味道多香!

1. 听后口头回答问题

(1) 今天晚上他们可以看到什么节目?

(2) 听课文以后你了解了什么新的信息?

2. 填空

杂技、艺术、穿的衣服、音乐、北方人

课文(三)

听前提示：方云天、艾米和那位老人聊什么?

情景：方云天和艾米正在谈话，旁边的一位老人也跟他们聊了起来。

老　人：姑娘，你是哪国人?

艾　米：美国人。

老　人：你也有喝茶的习惯？

艾　米：人家都说东方人喝茶，西方人喝咖啡，可是我不喜欢喝咖啡，我喜欢喝茶。在家里我们喝红茶，来中国以后我喜欢喝花茶了。

方云天：这叫入乡随俗。

艾　米：对，是入乡随俗。

老　人：你汉语说得真不错。学多长时间了？

艾　米：两个多月。

老　人：是吗？两个多月说得这么好？你是在哪儿学的？

艾　米：北京语言大学汉语速成学院，是我们老师教得好。

方云天：艾米，这就是曲艺，这叫京东大鼓。好听吗？

艾　米：好听，好听！我以前没听过。他唱的是不是北京的变化？

老　人：是啊。他唱的都是真人真事。

方云天：你的听力真不错，能听出来他唱的是北京的变化，不简单！

1. 听后口头回答问题

（1）方云天、艾米和那位老人聊什么？

（2）听课文以后你了解了什么新的信息？

2. 填空

不喜欢喝咖啡、花茶、两个多月、北京的变化、北京的变化

课文（四）

听前提示：在茶馆里除了喝茶、吃点心、嗑瓜子、看表演以外，还有什么活动？

情景：方云天、艾米和老人继续聊天儿。

方云天：刚才那个节目是杂技，你一定喜欢看。

艾　米：那个小演员表演得最精彩，那些动作都很难。听，主持人说请客人上台表演。云天，你上去唱一段。

方云天：不行，不行！我没有我爸爸唱得好。

艾　米：我听过方老师唱，每次表演节目，方老师的京剧最受欢迎。

老　人：我来唱一段。（老人走上台）

艾　米：这位老先生挺有意思，他比你勇敢。

方云天：他唱的是《借东风》，《三国演义》里的故事。咱们一边吃一边听。来，吃这小点心。

艾　米：你吃吧，我不爱吃甜的。这是什么？

方云天：瓜子，这是西瓜子，这是葵花子，尝尝。老大爷唱完了，他的嗓子真好！

艾　米：（鼓掌）好，好！老大爷，您以前学过京剧吗？

老　人：没专门学过，我是跟着录音学的，一边听一边唱，听得多了，就会唱了。

艾　米：这跟我们学习汉语一样，听得多了，就会说了。老大爷，这里您常来吧？

老　人：常来。我喜欢来这儿喝茶、听京剧，有机会还能唱上一段。

方云天：我喜欢去音乐茶座，一边喝着茶，吃着点心，一边听音乐，或是唱唱卡拉OK，也很有意思。

艾　米：听说南方音乐茶座很多，北方也有吗？

老　人：有。不过那是年轻人去的地方，我一听那种音乐就头疼。

1. 听后口头回答问题

(1) 看完表演以后，主持人说什么？

(2) 方云天为什么不上去唱一段京剧？

(3) 艾米说："这位老先生挺有意思。他比你勇敢。"她为什么这么说？

(4) 这位老先生唱的是什么？唱得怎么样？他专门学过吗？

(5) 茶馆和音乐茶座有什么不同？

2. 填空

请客人、最爱欢迎、嗓子真好、听得多了、那种音乐

课文(五)

听前提示：茶馆在汉语里还叫什么？杭州茶室和四川茶铺各有什么特点？

中国人喜欢喝茶，有的人喜欢在家里喝，有的人喜欢去茶馆喝。茶馆在汉语里就有好几种不同的说法。有的地方叫茶室，有的地方叫茶铺，有的地方叫茶楼，还有的地方叫茶社、茶园、茶座。下面我来介绍一下杭州茶室和四川茶铺。

杭州人管茶馆叫茶室。杭州的美景特别多，差不多每一处美景都有一个茶室。很多茶室以景命名。比如美丽的西湖十景，就有柳浪闻莺茶室、花港观鱼茶室、平湖秋月茶室等等。这里不仅环境很好，而且名茶配名水。用虎跑泉的水沏一杯上好的龙井，既看美景又饮名茶，真是人生一大享受。

有人说："天下茶馆在中国，中国茶馆在成都。"跟四川人在一起，常听他们说："走，坐茶铺子去！"四川人管茶馆叫茶铺。四川茶铺有什么特点呢？每个茶铺都有几位技艺高超的"茶博士"。这些茶博士手拿长嘴大茶壶，从很远的地方往茶杯里倒水，水都倒在茶杯里，一点儿也洒不到外边。看他们倒水就跟看杂技表演一样。

1. 听后口头回答问题

听课文以后你了解了什么新的信息？

2. 填空

杭州、四川、美景、名茶、看杂技表演一样

三 听后练习

(一) 听短文，然后说出这个短文跟课文（一）至课文（四）有什么异同

这家茶馆用了老舍先生的名字。喜欢中国文学的人都知道，老舍是中国非常有名的作家。他写过一个话剧叫《茶馆》。这个话剧连上小学的孩子都知道。所以中国人一说起茶馆就想起老舍，一说起老舍就想起茶馆。老舍和茶馆已经分不开了。

老舍茶馆是1988年12月15日开始营业的。这家茶馆每天早上9点第一次开门，到晚上6点半关门。在这段时间里，人们可以在这里喝茶，吃点心、聊天儿。这里还是年轻人恋爱约会的地方。为什么呢？因为这里冬天很暖和，夏天很凉快，而且非常安静。

老舍茶馆每天晚上7点半第二次开门，到10点半关门。在这段时间里，人们不仅可以喝茶、吃点心、聊天儿，而且还可以看演出，有京剧、曲艺、杂技等中国传统艺术和技艺的表演。这个茶馆保留了老北京的传统文化，也有现代文化的特点。它为北京人和到北京旅游的人增加了一个娱乐和休息的好场所。

（二）用“茶”组成短语，按座位轮流，每人说一个，说不出来被淘汰。谁说得最多谁赢

四　泛听练习

（一）喝茶是怎么开始的？

喝茶的习惯是从中国开始的。传说，中国古时候有一个皇帝到树林里去打猎。这一天天气很热，过了一会儿，他渴了。侍从们取来泉水给他喝，皇帝要喝热水不喝冷水。侍从们就在树林里给他烧水。水快开的时候，忽然刮来一阵风，从树上掉下几片树叶，树叶正好掉在水锅里。侍从们都很着急，你看看我，我看看你，他们不知道这水还能不能喝。这时候，其中的两个侍从拿起碗，舀了一碗水，尝了尝。他觉得很好喝，又让别的侍从尝，大家都说味道不错。他们把这件事告诉了皇帝。皇帝也尝了尝，他很喜欢这水的味道。以后，人们就用这种树的叶子煮水喝，把这种树叫茶树，把这种树的叶子叫茶叶。喝茶就从这时候开始了。

听后选择正确答案

这个故事主要告诉我们什么？

A. 中国古时候有一个皇帝喜欢打猎

B. 皇帝的侍从给他烧水喝

C. 茶叶是茶树的叶子

D. 喝茶的习惯是怎么开始的　※

(二)喝茶的好处

喝茶有很多好处。现在人们喝茶不仅是为了解渴，还因为茶有多种功能。吃饭以后喝杯热茶，可以帮助消化；困了喝杯茶能够提精神；胖的人多喝茶，可以减肥；喝茶还可以增加人体的维生素C，使身体更加健康。

家里来了客人，主人常常用茶招待。喝茶又成了人们进行社会交往的重要方式之一。大家一边喝茶一边谈话，既亲切又自然。对了，用茶招待客人还有一些讲究呢。主人请客人喝茶，要先问客人喜欢喝什么茶，客人如果喜欢喝绿茶就沏绿茶，客人要是喜欢喝花茶就沏花茶。一般来说，主人要把家里最好的茶叶拿出来招待客人。茶沏上以后得泡一会儿，然后把第一遍沏出的茶倒掉。这叫"酒吃头杯，茶喝二盏"。给客人倒茶，不能把杯子倒满，要倒八分满。看见客人杯子里的茶还剩一半或者三分之一，就应该再给客人倒茶，不能等客人把杯子里的茶喝完再倒。

听后选择正确答案

(1) 这段课文主要告诉我们什么？

A. 喝茶有哪些好处

B. 主人常常用茶招待客人

C. 喝茶的好处和用茶招待客人的讲究　※

D. 喝茶可以身体健康

(2) 下面哪个不是喝茶的好处？

A. 解渴

B. 招待客人　※

C. 帮助消化

D. 减肥

(3) 用茶招待客人有什么讲究?

A. 客人喜欢喝什么茶就沏什么茶　※

B. 主人给客人喝最好的茶　※

C. 把第一遍沏出的茶倒掉　※

D. 不能把杯子倒满,要倒八分满　※

E. 等客人把杯子里的茶喝完再倒

(三)茶艺馆

中国人有一句老话:"开门七件事:柴、米、油、盐、酱、醋、茶。"说明茶在人们生活中是非常重要的。中国人又有一句新话:"娱乐七件事:琴、棋、书、画、诗、曲、茶。"把茶和琴、棋、书、画、诗、曲这些艺术形式结合在一起了。

近几年,一些大城市,比如北京、上海、广州、西安出现了茶和艺术结合的新式茶馆,叫茶艺馆。在茶艺馆饮茶,主要是体会茶的艺术、茶的文化。人们通过洗茶、泡茶、闻香、品尝,得到艺术的享受。茶艺馆的环境幽雅,播放的音乐声音轻柔,人们也不大声说话。

茶艺馆吸引了不少年轻的茶客。辛苦地工作了一天的年轻人,下班以后来到茶艺馆,跟朋友聊聊天儿,轻松轻松,休息休息。来茶艺馆喝茶的茶客爱说的一句话是:"不抽烟,不喝酒,多喝茶,喝好茶"。所以,这里是不会抽烟、喝酒的人常来聚会的好地方。

听后选择正确答案

这段课文主要告诉我们什么?

A. 茶艺馆的特点　※

B. 中国一些大城市有茶艺馆

C. 茶艺馆吸引了很多年轻的茶客

D. 不抽烟不喝酒的人常来茶艺馆

第10课　你们办理旅行业务吗？

学习目的

（一）训练学生听懂有关中国名胜古迹的话题。

（二）微技能训练：提高学生辨别分析的能力、联想猜测的能力和概括总结的能力。

学习内容

（一）20个生词，精听课文4段，泛听课文3段。

（二）听辨词语和句子。

一　听前练习

（一）词语练习

1. 听句子挑出生词，教师讲解生词

（1）我现在知道的生词还很少，应该扩大词汇量。

（2）北京是中国的政治、经济和文化中心。

（3）我觉得苏州的园林建筑是中国最漂亮的建筑。

（4）承德是夏天避暑的好地方。

（5）天安门的东边现在是公园，里面的建筑都是寺庙，以前是皇帝祭祀的地方。

（6）中国的丝绸非常漂亮，我买了一些，打算带回国去。

(7) 西安有一个碑林博物馆，里面有各种各样古代的石碑。

(8) 在圆明园遗址公园，你只能看到残留的石头。

(9) 孔子在人们的心中有着崇高的地位，每年都有很多人去他的家乡和他的墓地参观。

(10) 故宫收藏着很多古代文物。可以说故宫是一座艺术宝库。

(11) 我今天在商店里意外地遇见一个20多年没见面的同学，我和他都非常高兴。

(12) 谁都不愿意别的国家入侵自己的国家。

2. 听句子，根据句意猜老师指出的词语的意思

(1) 避暑山庄是中国著名的皇家园林之一。

(2) 洛阳的牡丹非常有名，有人说"洛阳牡丹甲天下"。

(3) 泰山被称为"五岳之首"。

(4) 在泰山上看日出看云海，非常有意思。

(5) 其中的一景"断桥残雪"就和民间故事《白蛇传》有关系。

(6) 圆明园被西方称为"万园之园"。

(二) 句子练习

1. 听句子，口头回答问题

(1) 承德也叫寺庙之城。

问：寺庙之城是什么意思？

(2) 西安是陕西省省会，历史上曾经是12个朝代的都城，所以古迹、园林很多。

问：西安为什么有很多古迹、园林？

(3) 曲阜是春秋时期鲁国的都城，是一座历史文化名城。这里还是孔子的故乡，所以有很多名胜古迹。

问：曲阜为什么有很多名胜古迹？

(4) 孔府是孔子后代住的地方，孔子死了以后才修建的。

问：孔子在孔府住过吗？

(5) 孔林在曲阜城北3里的地方，是孔子和他的后代的墓地。

问：孔林是什么地方？

(6) 豫园是一座江南名园，还是小商品和小吃的王国。

问：豫园是一个什么样的地方？

2. 听句子，从下面A、B两句中选择恰当的下句

(1) 承德在河北省的东北部。

A. 现在我来介绍一下儿承德的情况

B. 离北京250公里 ※

(2) 清朝政府为了加强同蒙古和其他少数民族的关系，

A. 承德有很多好玩儿的地方

B. 修建并且扩大了这个城市 ※

(3) 山庄里边青山绿水，花树楼台，

A. 既有北方山水的特点，又有南方园林的特色 ※

B. 它以避暑山庄和外八庙闻名

(4) 承德周围有很多山。

A. 承德也叫寺庙之城

B. 每一座山都有一个美丽的传说 ※

(5) 每年5月，洛阳城里各种颜色的牡丹一起开放，

A. 全国各地有很多人去那儿看花儿 ※

B. 要求牡丹仙子让所有的牡丹花儿马上开放

(6) 龙门石窟在洛阳南边的龙门山上，

A. 整座山一共有10万多个佛像 ※

B. 仙女们手拿花果，飞在云间，使我想起了嫦娥

(7) 我以为孔府是孔子住过的地方，

A. 孔府是孔子后代住的地方

B. 其实孔子没在这里住过　※

(8) 大成殿前边有一个杏坛，

A. 传说是孔子给他的学生上课的地方　※

B. 里边最重要的地方是大成殿

(9) 泰山在泰安县城西北，

A. 山高1545米　※

B. 坐汽车一直到南天门

(10) 泰山是一座历史博物馆，

A. 在泰山上看日出、看云海非常有意思

B. 每一个地方都有一个故事　※

二　听时练习

课文(一)

听前提示：注意听承德的情况。

情景：这个周末，速成学院办公室组织学生去承德旅行。去以前，办公室的王老师正在向学生们介绍承德的情况。

王老师：同学们，这个周末我们要去承德旅行，现在我来介绍一下承德的情况。承德在河北省的东北部，离北京250公里，是我国北方一个很有名的旅游城市。

金汉成：王老师，承德是什么时候修建的？听说它的历史不太长。

王老师：不能那么说，承德这个城市很早就有了。历史上一直有很多不同民族的人在那儿居住。清朝政府为了加强同蒙古和其他少数民族的联系，修建并且扩大了这个城市，使它成为当时除了北京以外最重要的政治中心。

贝　拉：老师，去承德有什么好玩儿的？

王老师：承德有很多名胜古迹，承德的三大景观是园林、寺庙和山峰。它以避暑山庄和外八庙而闻名。

金汉成：对，我听说过，避暑山庄是中国著名的皇家园林之一。

王老师：夏天天气热的时候，皇帝就离开北京去那里避暑。山庄里边青山绿水，花树楼台，既有北方山水的特点，又有南方园林的特色。

贝　拉：你刚才说还有外八庙，我听说承德也叫寺庙之城，是不是？

王老师：那儿有大小寺庙100多座，其中以外八庙最有名。它既有汉族建筑的特点，又有藏族建筑的特点。承德周围有很多山，每一座山都有一个美丽的传说。

金汉成：看了美景？游了古迹，听了故事，贝拉，你别忘了来一杯承德的杏仁露露，喝了以后，你就更漂亮了。

1. 听后判别正误

（1）承德在北京的东北部。（×）

（2）承德的历史并不算太长。（×）

（3）在清朝，承德是当时最重要的政治中心。（×）

（4）园林、寺庙和山峰是承德的三大景观。（√）

（5）承德的避暑山庄是中国著名的皇家园林之一。（×）

（6）承德的避暑山庄既有北方山水的特点，又有南方园林的特色。（√）

（7）承德那儿有大小寺庙上百座，也叫寺庙之城。（√）

（8）承德的寺庙既有汉族建筑的特点，又有藏族建筑的特点。（×）

（9）承德周围有很多山，每一座山都有一个美丽的传说。（√）

（10）承德的杏仁露露是一种饮料。（√）

2. 填空

250、政治中心、园林、寺庙、山峰、一个美丽的传说

课文（二）

听前提示：注意听金汉成去洛阳旅行的情况。

情景：金汉成刚从洛阳旅行回来，在路上遇见大内。

大　内：金汉成，你这是去哪儿了？

金汉成：我去洛阳了，刚回来。你去过那儿吗？

大　内：还没有呢，你能给我介绍介绍那儿的情况吗？

金汉成：洛阳在河南省西北部，历史上很多朝代都把那儿作为都城。洛阳的牡丹非常有名，有人说"洛阳牡丹甲天下。"每年5月，洛阳城里各种颜色的牡丹一起开放，全国各地有很多人去那儿看花。

大　内：噢，我听说过关于牡丹的故事，说的就是洛阳。中国历史上第一个女皇武则天，有一次专门去洛阳看牡丹花。可是有的牡丹花没开，她就生气了，要求牡丹仙子让所有的牡丹花马上开放。第二天，所有的花真都开了。

金汉成：我在洛阳也听说过这个故事。不过，到了洛阳，最应该去的地方还是龙门石窟。它和大同的云冈石窟、敦煌的莫高窟是中国著名的三大石窟。龙门石窟在洛阳市南边13公里的龙门山上，南北长有1公里，整座山一共有10万多个佛像。石窟中最美的部分是飞天像，仙女们手拿花果，飞在云间。这使我又想起了嫦娥。

大　内：想让嫦娥辅导你古代汉语，是吧。

1. 听后判别正误

(1) 洛阳在河南省南部。　(×)

(2) 洛阳在历史上曾是都城。　(√)

(3) 每年洛阳城里的牡丹在5月的一天一起开放。　(×)

(4) 洛阳的龙门石窟是中国著名的三大石窟之一。　(√)

(5) 龙门石窟在洛阳市西边13公里的龙门山上。　(×)

(6) 龙门石窟有嫦娥的雕像。　(×)

2. 填空

5月、马上开放、1公里、10万多、古代汉语

课文(三)

听前提示：注意西安的情况。

情景：山本、大内、艾米想去西安旅行。山本找到一家旅行社，旅行社的小姐给他们介绍西安的情况。

山本：请问，你们这儿办理旅行业务吗？

小姐：你想去什么地方？

山本：西安。听说西安有很多名胜古迹，您能给我们介绍介绍吗？

小姐：当然可以。西安是陕西省省会，历史上曾经是12个朝代的都城，所以名胜古迹很多。

艾米：如果跟你们旅行社去，都可以去什么地方？

小姐：首先，会带你们去游览骊山。山下的华清池非常有名，传说，唐代的杨贵妃在那儿洗过澡，那儿青山绿水，风景优美。

大内：我很喜欢中国书法，去不去碑林参观？

小姐：去。西安的碑林非常有名，那儿展出了从汉代到清代的1000多块石碑。除了去碑林以外，我们还会组织你们参观秦始皇兵马俑博物馆和半坡遗址，游览大雁塔和小雁塔。

山本：什么时候出发？我现在可以办手续吗？

1. 听后判别正误

(1) 西安是陕西省最大的城市。(×)

(2) 西安在历史上曾经是12个朝代的都城。(√)

(3) 传说，唐代的杨贵妃在骊山下的华清池洗过澡。(√)

(4) 西安的碑林展览中国书法作品。(×)

(5) 西安的碑林非常有名，那儿展出了从汉代到清代的上千块石碑。(√)

(6) 旅行社的一位小姐要带他们去西安。(×)

2. 填空

很多名胜古迹、12个、华清池、碑林、兵马俑

课文(四)

听前提示：注意同学们去山东旅行的情况。

情景：同学们从山东旅行回来，介绍旅行的情况。

艾米：我们这次去山东旅行，先到曲阜参观孔府。曲阜是春秋时期鲁国的都城，是一座历史文化名城。这里是孔子的故乡，所以有很多名胜古迹。旅行社安排我们住在孔府。听说住在孔府，我以为孔府是孔子住过的地方，其实孔子没在这里住过。孔府是孔子后代住的地方，孔子死了以后才修建的。孔府的大门又高又大，里边的房子又高又多，后边有一个很大很漂亮的花园。

大内：孔庙在孔府的西边，是各个朝代祭祀孔子的地方。里边最重要的建筑是大成殿，大成殿有点儿像故宫的太和殿。在大成殿里边正中间有四个大字“至圣先师”，意思是孔子是中国最神圣、最崇高的老师。大成殿前边有一个杏坛，传说是孔子给他的学生上课的地方。那儿有一棵树，导游小姐告诉我们是孔子亲手种的。

贝拉：从孔庙出来，我们去参观孔林。孔林在曲阜城北一公里的地方，是孔子和他的后代的墓地。这里有很多石碑和大树。一位游人告诉我们，这儿的古树有几十种，两万多棵，是孔子的学生从他们的家乡带来种子种在这里的。这些树一年四季都是绿色的。

山本：我们这次去山东，主要是去登泰山。泰山在泰安县城北，山高1545米。我们坐汽车一直到中天门，从中天门到山顶一共有9公里，有6000多个台阶。我们登了差不多两个小时。泰山被称为“五岳之首”。唐朝诗人杜甫有一句诗：“会当凌绝顶，一览众山小。”意思是登上泰山山顶，看别的山都很小。泰山是一座历史博物馆，每一个地方都有一个故事。一边登泰山一边听介绍，可以学到很多历史文化知识。泰山还是一座艺术博物馆，在泰山上看日出看云海，非常有意

思。很多诗人和画家都来到这里写诗、画画儿。人们在泰山游览，会觉得自己就好像在画中一样。

1. 听后判别正误

(1) 他们参观的第一个地方是曲阜的孔庙。 (×)

(2) 孔府在孔庙的东边。 (√)

(3) 孔子没在孔府住过。 (√)

(4) 孔子是中国第一位老师。 (×)

(5) 孔林是孔子和他的学生的墓地。 (×)

(6) 孔子的后代和学生在孔林种了很多树。 (×)

(7) 他们去山东的主要目的是去登泰山。 (√)

(8) 他们从中天门开始登泰山。 (√)

(9) 泰山上有一座历史博物馆和一座艺术博物馆。 (×)

2. 填空

孔子的故乡、很大很漂亮、最神圣、几十种、两万、1545米、9公里、6000多个、历史

三 听后练习

根据课文的内容口头回答问题

1. 承德有什么特点？

2. 承德最有名的地方是哪儿？

3. 洛阳的什么天下闻名？

4. 洛阳最有名的地方是哪儿？

5. 西安是陕西省的什么城市？它的名胜古迹为什么很多？

6. 西安有哪些名胜古迹？

7. 去山东一定要去哪两个地方？

8. 到曲阜参观什么？

9. 孔府、孔庙、孔林是什么地方？

10. 泰山有什么特点？

四　泛听练习

（一）豫园

去上海旅行的人，不能不到上海南市区的豫园去看一看。因为这是一座江南名园，还是小商品和小吃的王国，上海最有名的旅游景点之一。豫园是明朝修建的，园主姓潘。他修建豫园的目的是想让他的父亲在这里愉快地度过晚年。因为“愉”和“豫”读音差不多，所以就叫豫园。园子不大，但有假山和湖水，有小桥和亭子，风景优美，环境非常幽雅。游客到了那儿，可以在湖中的亭子里喝茶，也可以在小楼上品尝各种各样的精美小吃。豫园的旁边现在修建了许多小商店，卖一些日常生活用品，比如：扣子、针线、各种小工具等等。逛这些小商品市场你会有意外的发现。

听后选择正确答案

这段课文主要介绍了豫园的哪些情况？

A. 豫园的历史、建筑特点和环境。※

B. 豫园的假山和湖水。

C. 豫园的小桥和亭子。

D. 豫园旁边的小商品市场。

（二）西湖

杭州西湖的风景十分秀丽，从宋朝开始就有了“西湖十景”，几乎每一景都有一个美丽的传说。其中的一景“断桥残雪”就和民间故事《白蛇传》有关系。断桥是杭州西湖白堤东端的第一桥。每当冬去春来的时候，大地上还可以看到残留着的雪，但在断桥的两边，风景却完全不同：有太阳的一面，冰雪已经变成了湖水；没有太阳的一面，冰雪还残留着，美得像玉一样。因此，人们就把这一景观叫做“断桥残雪”。在民间传说中，聪明漂亮的白娘子爱上年轻善良的许仙，并和他结了婚。断桥就是他们第一次见面的地方。现在我们可以从京剧《白蛇传》中了解到这个故事。

听后选择正确答案

这段课文主要介绍了西湖的什么情况？

A. 西湖的风景

B.“断桥残雪”和《白蛇传》的故事 ※

C. 白娘子和许仙结婚

D. 京剧《白蛇传》

（三）圆明园遗址公园

圆明园遗址公园在北京西郊。它原来是清朝最大的一座皇家园林，由圆明、长春、万春三园组成，占地5200亩。清朝时，花了一百年的时间，在里边修建了140处亭、台、楼、阁。这些建筑物，有的具有中国北方传统建筑的特点，有的具有江南园林建筑的特点，还有的具有欧洲建筑的特点。园内收藏了大量的珍宝和文物，是一座文化艺术的宝库，被西方称为“万园之园”。

1860年，英法联军入侵北京，抢走了园中的珍宝和文物，还把整个圆明园放火烧毁。据说大火烧了半个月。1980年以后，海淀区政府在这里修建了我们现在能够看到的圆明园遗址公园。

听后选择正确答案

这段课文主要介绍了圆明园的什么情况？

A. 圆明园在哪儿

B. 圆明园有多大

C. 圆明园是“万园之园”

D. 圆明园的历史和建筑特点 ※

聆听理解综合测试卷

第一部分

1. 男：学习结束以后先去旅行再回国，这样再好不过了。

女问：这句话是什么意思？

2. 男：有人说："会喝茶的喝绿茶，不会喝茶的喝花茶。"

女问：从这句话我们可以知道什么？

3. 男：他们俩总是说不到一块去。

女问：这句话是什么意思？

4. 男：到今天，我才彻底看透了你。你走吧，我们俩之间没什么好说的了。

女问：这句话告诉我们什么？

5. 男：妈妈的话我从来都是放在心上的。

女问：这句话是什么意思？

6. 男：这个问题，我不是没跟他商量过，可我的意见他一点儿也听不进去。

女问：这句话是什么意思？

7. 男：陈老师到底老了，不像年轻时跑得那么快了。

女问：这句话告诉我们陈老师的什么情况？

8. 男：为了这点小毛病，他往修理店跑了一次又一次，才把电视机修好。

女问：关于修理电视机，我们可以知道什么？

9. 男：这件衣服穿了三年了，已经看不出来以前的颜色了。

女问：这句话是什么意思？

10. 男：大学四年，她对我非常照顾。我想就是对自己的亲弟弟也不过这样吧。

女问：从这句话我们可以知道什么？

11. 男：你是吴志中吧，我叫张大明，是从大连来的。这是你叔叔托我带给你的东西。

女问：东西是带给谁的？

12. 男：我记得在哪儿见过他，可一时半会儿又想不起来。唉，瞧我这年纪，什么都记不清楚了。

女问：从他的话中我们可以知道什么？

13. 男：好不容易打听到他家的电话号码，他家又没人。

女问：这句话告诉我们什么？

14. 男：昨天晚上我和我朋友去吃了北京烤鸭，果然很好吃。

女问：从这句话我们知道什么？

15. 男：刘老师年轻的时候曾在农村当过10年农民。

女问：这句话告诉我们刘老师的什么情况？

第二部分

16. 女：食堂的饭菜我吃腻了，我们去哪儿换换口味。

男：走，我带你去一个好地方？

女问：他们在谈什么？

17. 女：那个房间怎么样？

男：还说得过去。

女问：他们的话告诉我们什么？

18. 女：你们办公室的大刘有40岁了吧！

男：哪儿啊！离30还差一岁呢。不过看上去真显得老。

女问：大刘多大了？

19. 女：小张，你这双皮鞋真漂亮，在北京哪个商店买的？

男：这是我爱人去广州出差的时候给我买的，说是意大利进口的。

女问：他们的话告诉我们什么？

20. 女：听说山田已经回国了，是吗？

男：是的，他本来打算去北京大学学习经济，后来又忽然决定回国了。可能是公司有什么事吧。不过他说明年一定再来留学。

女问：下面哪种说法正确？

21. 女：我困极了，上班的时候也没精神，总想睡觉。

男：谁叫你晚上看小说，一看就是大半夜。

女问：女的为什么总想睡觉？

22. 女：王欢这次给你介绍的女朋友，我看还不错嘛。

男：就那么回事儿。

女问：男的对王欢给他介绍的女朋友满意吗？

23. 女：整整考了3天，我现在一看书就头疼。

男：不至于吧。

女问：男的认为对方说的话怎么样？

24. 女：带棉衣来内蒙古对了吧！要不，我们早就冻病了。

男：真有你的！

女问：男的说话的口气是什么？

25. 女：你快想想办法吧。到目前为止，准备工作还只完成了一点点。

男：跟我急有什么用呢！难道说我就愿意这样吗？

女问：他们的工作进展得怎么样？

26. 女：你弟弟结婚，我们送500块钱怎么样？
男：你不觉得拿不出手吗？
女问：男的是什么意思？

27. 女：老师，我们月底能知道考试结果吗？
男：说不好。
女问：男的是什么意思？

28. 女：最近遇到几个老同学总是问我，他们什么时候能吃喜糖？
男：是啊，我那些同事也老嚷嚷着要喝咱们的喜酒呢。
女问：说话的两个人是什么关系？

29. 女：今天晚上电视里有《雷雨》最后两集，我可不能错过。
男：得，足球比赛看不成了。
女问：他们的谈话告诉我们什么？

30. 女：好久不上我们家玩来了，是不是把我这个老同学忘了？
男：看你说的，忘了谁也不能忘了你呀！
女问：男的是什么意思？

31. 女：这是我送给你的生日礼物。
男：怎么好意思让你破费。
女问：男的是什么意思？

32. 女：这次出差挺顺利的吧。
男：别提有多倒霉了。
女问：男的认为这次出差怎么样？

33. 女：我觉得小李新找的对象不错，说不定两个人能成。
男：我看不见得。
女问：男的是什么意思？

34. 女：听说你不同意这个工作计划。

男：谁说的。

女问：男的是什么意思？

35. 女：明天你路过医院时，顺便看一眼，王大夫哪天在眼科看病。

男：好。

女问：他们的话告诉我们什么？

第三部分

36～39题是根据下面这段对话：

男：借点钱。

女：干吗？

男：买烟。

女：抽烟对身体有害，而且还影响别人的健康，快戒了吧。

男：你说的不全对，抽烟也有好处。

女：我不信。

男：小偷怕呀。你想，抽烟的人夜里老咳嗽，小偷哪还敢来呀？

女：你这是狡辩。抽烟只有坏处。你看你，每天两包烟，钱都抽没了。

男：话是这么说，可我已经上瘾了，每天饭可以不吃，觉可以不睡，烟不能不抽。

女：我从报纸上看到一篇报道。几家大商场正在卖一种新药，戒烟的效果非常好。吃药以后再抽烟的时候觉得烟非常苦，两三天以后就不想抽烟了，一个星期以后就完全戒掉了。

男：吹牛，能有那么灵？说不定是伪劣产品。

女：你没有试怎么知道有没有效果？

男：好，那我明天就去买。

女：给你钱。

男：干什么？

女：现在就去买。

36. 问：女的对抽烟是怎么看的？
37. 问：男的为什么借钱？
38. 问：关于男的，下面哪种说法正确？
39. 问：新的戒烟药，没有提到什么？

40~43题是根据下面这段话：

一项最新民意调查显示，我国城市市民8小时以外的业余生活可用“丰富多彩”来形容。上网、看电视、读书、听音乐、聊天、喝茶、打牌、散步、唱卡拉OK、听广播、跳交谊舞、逛街、泡吧、参加各种体育锻炼等，构成了城市市民业余生活的主要内容。

这项调查，是在北京、上海、广州、重庆、厦门5城市中进行的，调查对象为5城市的1500多位18岁至65岁的普通市民。调查显示，上述5城市市民中分别有46.9%和39.4%的人，将“上网”和“看电视”作为首选。但不同城市市民8小时外的“玩”法并不同。北京、重庆市民爱上网，广州人更爱喝茶聊天，上海人、厦门人爱看电视。

40. 问：本项调查是关于城市市民哪方面的？
41. 问：北京市民最喜欢做什么？
42. 问：广州市民最喜欢做什么？
43. 问：上海市民最喜欢做什么？

44~45题是根据下面这段话：

今天的万里长城，许多人知道是“西起嘉峪关，东到山海关”，而且都是“秦始皇修建的”。这实在是误会。根据史书记录和史学家考证，长城并不是“西起嘉峪关，东到山海关”，而是向东远到辽宁省东部。而且秦朝和汉朝时的古代长城和现存的明代长城相距很远，是两条线路。因此，绝对不能把现在闻名世界的万里长城当做秦始皇的“万里长城”。

44. 问：这段话指出了现在人们对长城的误会有几个？
45. 问：根据这段话，秦始皇修建的长城和我们现在看到的长城有关系吗？

46～48题是根据下面这段对话：

男：您好！阿姨，小王在家吗？
女：哦，是小李啊！小王不在家，他一早就出去了。
男：他去哪儿了？
女：他说上午去王府井外文书店买几本英语书，下午顺便去看一个朋友。
男：您知道他几点回家吗？
女：他说晚上7点以前回来。
男：现在才4点半，我就不等他了。阿姨，麻烦您告诉小王，我们大学时候的同学马小清昨天来北京开会，他请张老师、我、还有小王明天晚上去长城饭店吃饭。7点钟我们在饭店门口见面。
女：行，你放心吧，我一定转告他。

46. 问：小王现在在哪儿？
47. 问：请客的人是谁？
48. 问：谁告诉小王请客的事？

49~50题是根据下面这段话：

饭后45分钟，以每小时4.8公里的速度散步20分钟，热量消耗最大，最有利于减肥，如过两个小时再散步20分钟，减肥效果更佳。

49. 问：这段话主要介绍的是什么？
50. 问：根据这段话，饭后多长时间可以开始散步？

答案

1. B	2. C	3. D	4. A	5. A
6. B	7. D	8. C	9. D	10. B
11. A	12. C	13. D	14. C	15. B
16. D	17. B	18. D	19. B	20. A
21. C	22. C	23. A	24. A	25. D
26. D	27. C	28. A	29. C	30. B
31. C	32. B	33. D	34. C	35. C
36. B	37. D	38. C	39. A	40. B
41. A	42. B	43. D	44. C	45. A
46. B	47. D	48. A	49. C	50. C

北大版对外汉语教材·短期培训系列

速成汉语基础教程
Speed-up Chinese

主编 杨惠元

◆ 听力练习

◆ 综合测试卷

·听力课本·
Listening Book

3

北京大学出版社
PEKING UNIVERSITY PRESS

图书在版编目(CIP)数据

速成汉语基础教程. 听力课本.3/杨惠元主编. —北京：北京大学出版社，2012.4
(北大版对外汉语教材·短期培训系列)

ISBN 978-7-301-20476-4

I. 速…　II. 杨…　III. 汉语—听说教学—对外汉语教学—教材　IV. H195.4

中国版本图书馆CIP数据核字(2012)第060822号

书　　　名：速成汉语基础教程·听力课本　3
著作责任者：杨惠元　主编
责 任 编 辑：沈　岚
标 准 书 号：ISBN 978-7-301-20476-4/H·3036
出 版 发 行：北京大学出版社
地　　　址：北京市海淀区成府路205号　100871
网　　　址：http://www.pup.cn
电　　　话：邮购部 62752015　发行部 62750672　编辑部 62767349　出版部 62754962
电 子 邮 箱：zpup@pup.pku.edu.cn
印　刷　者：北京大学印刷厂
经　销　者：新华书店
787毫米×1092毫米　16开本　16.5印张　400千字
2012年4月第1版　2012年4月第1次印刷
印　　　数：0001—3000册
定　　　价：50.00元(全2册,含MP3盘1张)

前　言

《速成汉语基础教程·听力课本》是《速成汉语基础教程·综合课本》的配套教材，也可以单独使用。对象为零起点的或略有汉语基础的初级水平的短期学生。全书共4册，每册10课，总共40课。

作为一套专项技能训练的教材，本书旨在训练和提高学生的聆听理解能力。我们在编写时吸收了汉语速成教学和听力训练方面的前沿理论研究成果，并且将这些成果作为指导思想贯彻到了教材编写的每一个环节中。

按照最新的教材编写理念，科学的教材应该是一套“精心编写的练习集”，“练习是教材的主体”。因为是配套教材，本书只出少量生词，基本不出新的语法点，所以，不需要教师过多地讲解，教师的主要职责是指导学生练习。“练习成为教材的主体”是本教材最大的特色。

第二语言教学的根本目的是提高学生使用目的语在一定范围内进行交际的能力。为此，学生必须完成“从语言知识到语言技能”和“从语言技能到语言交际技能”的两次转化。这里的关键是建立目的语的思维系统。为了训练学生的思维能力，开发他们的语言潜能，本套教材的课文都采用更具挑战力的“未完成式”，使学生从被动地接受转变到主动地实践、主动地交际，真正成为学习的主人。

同时，我们认为，只有实行“强化+科学化”的训练，才能提高训练的效果，达到速成教学的目标。所谓“强化”，就是进行大运动量的训练：一是在单位时间里给学生输入大量的语言信息，二是在单位时间里提高语言信息输入输出的次数。所谓“科学化”，就是训练要在先进教学法理论指导下进行，要强化得恰到好处，讲究训练的效果。

教师使用本套教材时，最好先熟悉主干教材《速成汉语基础教程·综合课本》的内容，要了解学生的“已知”，了解这一课是配合综合课的哪一课或哪几课。在教学中，如果能够先安排一个回忆、复习综合课的环节，训练效果会更为理想。

本教材由两个部分组成：

一、听力练习

这是学生在听力课上做练习使用的。第一册的前5课为集中语音阶段，配合综合课的第一册。基本上是一课配两课。从第一册第6课开始，每课都设计了听前练习、听时练习、听后练习和泛听练习四个部分。听前练习为听时练习扫除障碍，是热身的环节。听时练习是整个训练的核心。教师要让学生带着问题听课文，听时有注意的方向，学会听的方法。听后练习是复习巩固的环节，帮助学生加深理解和记忆。泛听练习可在课上完成，也可在课下完成。为避免学生提前预习或看着课文听录音，这部分的课文均采用未完成式，每一课都设计了填空练习，学生做完了填空练习，就有了完整的课文，便于他们课后复习。为了有效地训练学生辨别语音声调和帮助学生熟悉聆听理解考试的题型和解题方法，第一册后附有大量“基础语音练习材料”。另，每册后边都附有“聆听理解综合测试卷”。

二、学习指导

这一部分包括学生聆听的语料——课本和练习的录音文本、练习题及答案，也为教师上课提供参考，每一课都有学习目的和学习内容的提示，帮助教师和学生明确训练的目的和重点，便于学生主动地学习和复习。

尽管我们做了比较大的努力，但由于水平有限，可能还有很多不尽如人意的地方。希望老师们在使用的时候能够扬长补短，根据教学的实际情况灵活地处理它、完善它。

杨惠元

Foreword

Speed-up Chinese: Listening Books are supplementary textbooks of *Speed-up Chinese: An Integrated Book.* They also can be used independently. They are designed for the beginners in short-term study programs. They are in four volumes, with each volume containing 10 lessons.

As a set of textbooks for special training, this set of textbooks aims to train and improve students' abilities of listening and comprehending. We adopt the latest theories of accelerative Chinese teaching and listening training methods as the guideline in the process of compiling this set of textbooks.

The most significant feature of this set of books is that it is exercise-based. According to the latest textbook compiling principles, an effective textbook should be a carefully compiled series of exercises, namely"the exercises should be the main parts of the textbook". As a supplementary textbook, *Speed-up Chinese: Listening Book* does not introduce any new grammar, although there are some new words in it. Using this textbook in the class, the teacher should take his main responsibility to guide the students to do exercises instead of giving lectures too much.

The essential aim of second language teaching is to improve students' communicating ability in the target language to some extent. To achieve this goal, students should not only learn language knowledge, but train language skills, and also participate in communication as well. In this process, the most important thing is to build a thinking system based on the target language. In order to train students' thinking ability and develop their potentialities in language, we use the challenging unfinished materials in these textbooks, which can help the students to take part in communicating practices actively, instead of receiving knowledge passively.

We believe that only by taking the principle of "reinforcement and scientification" in the practice can we enhance the effect of drills and achieve the objectives of accelerative teaching. "Reinforcement" means that in a unit of time we must input massive language information to the students as much as possible through a large amount of drills. "Scientification" implies that the drills must be guided by the methodology of teaching so that the principle of"reinforcement" can be appropriately carried out.

Before using these textbooks in the class, the teacher had better have a thorough knowledge of what the content of the main textbook *Speed-up Chinese: An Integrated Book* is, what the students have known and what the corresponding relationship between the lessons of the comprehensive textbook and that of the listening textbook. An activity of recalling and reviewing the corresponding comprehensive lessons before the listening lessons will lead to a better effect.

This set of textbooks is consisted of two parts:

Part I: Listening Exercises

Listening Exercises are for classroom activities. The first 5 lessons of the volume 1 are the exercises for pronunciation designed for the volume 1 of the comprehensive textbook, generally one lesson of listening textbook for two of comprehensive textbooks. All the other lessons consist of four modules, namely pre-listening exercises, listening exercises, after-listening exercises and extensive listening exercises. Pre-listening exercises are warm-up activities. Listening exercises are the core drills in which listening strategies and methods will be taught. After-listening exercises are designed for reviewing and reinforcing. Extensive listening exercises can be arranged as assignments after class. The texts in the extensive listening exercises are with blanks.

In addition, *Materials for Pronunciation Practice* are provided in the appendix of volume 1 and the *Evaluation Paper* is attached to every volume. These materials can help the students to distinguish pronunciation and tones and to be familiar with the listening comprehension tests.

Part II: Learning Guide

Transcript for listening exercises, as well as the answers are concluded in this part for the students. This part also provides references for the teachers. Every lesson explains teaching objectives and contents, so that the teachers and students can clearly know the purpose and emphases of drills, then learn and review on their own initiative.

No textbook is perfect. These textbooks should be used in a flexible way so that their advantages can be developed and the disadvantages can be made up for.

Yang Huiyuan

CONTENTS 目录

第一课

Zhèr de cài shì shénme fēngwèi de?

这儿的菜是什么风味的？

New Words 生词

1. 场所	(名)	chǎngsuǒ	place, arena
2. 禁止	(动)	jìnzhǐ	to prohibit, to forbid
3. 地道	(形)	dìdao	genuine
4. 被	(介)	bèi	by
5. 保护	(动)	bǎohù	protect
6. 讲究	(动、形)	jiǎngjiu	to pay attention to, to be fastidious about
7. 麻	(形)	má	numb， anaesthetic
8. 咸	(形)	xián	salty
9. 酸	(形)	suān	sour
10. 苦	(形)	kǔ	bitter
11. 香	(形)	xiāng	fragrant, appetizing, savoury
12. 实践	(动、名)	shíjiàn	to practice
13. 名副其实		míng fù qí shí	the name matches the reality
14. 生鱼片	(名)	shēngyúpiàn	sashimi

专名 Proper nouns

1. 宋朝	Sòng Cháo	the Song Dynasty
2. 苏东坡	Sū Dōngpō	name of a person

一　听前练习　Before Listening

（一）语音练习　Phonetic practice

1. 听写音节　Syllable dictation

（1）{　　　　（2）{

（3）{　　　　（4）{

（5）{　　　　（6）{

（7）{　　　　（8）{

2. 辨别（请你画出听到的音节）
Distinguish(Underline the syllables you hear)

（二）词语练习　Word practice

1. 听句子挑出生词
Listen and choose the new words in the sentences

2. 听句子，根据句意猜老师指出的词语的意思
Listen to the sentences and guess the meaning of each word or phrase the teacher points out

（三）句子练习　Sentence practice

1. 快速口头回答问题　Answer the questions quickly and orally

2. 听后完成句子　Listen and complete the sentences

二 听时练习 While Listening

课文(一)

1. 听后口头回答问题 Listen and then answer the question orally

2. 听后选择正确答案 Listen and choose the correct answers

(1) A B

(2) A B

(3) A B

3. 填空 Fill in the blanks

情景：金汉成、山本和贝拉在某饭店打完保龄球以后，坐在大厅里一边休息，一边等候彼得、艾米和大内。

贝　拉：金汉成，你的保龄球打得真不错！

金汉成：我____________的时候常跟朋友们玩儿。不过我更喜欢打高尔夫球。

贝　拉：这些都是有钱人的运动，我们穷人可玩儿不起。山本，你喜欢玩儿什么？

山　本：我不喜欢玩儿，喜欢____________，喜欢____________。

贝　拉：怪不得别人说你是美食家，三句话离不开吃。哎，山本，你怎么在这儿抽烟？你看那个牌子。

山　本：对不起，我没____________。

贝　拉：公共场所禁止吸烟。你不知道吗？

山　本：这里是公共场所，我____________。

金汉成：快戒烟吧，吸烟对身体没好处。

贝　拉：不但对自己的身体有害，而且影响别人的健康。

山　本：好好！本人决定从明天开始戒烟。欸，贝拉，你跟彼得他们说好了吗？

贝　拉：说好了。__________钟在一层大厅。

山　本：都__________了。他们怎么还不来？

金汉成：别着急，再等一会儿。

课文(二)

1. 听后选择正确答案　Listen and choose the correct answers

(1) A　　B

(2) A　　B

(3) A　　B

(4) A　　B

2. 填空　Fill in the blanks

情景：在一层餐厅门口，他们跟迎宾小姐谈话。

服务员：你们好！欢迎欢迎！里边请！

山　本：请问，这儿的菜是什么风味的？

服务员：这是__________风味餐厅，是地道的粤菜。

山　本：你们喜欢吃蛇肉吗？

贝　拉：不吃，我最怕蛇了。

山　本：艾米，你呢？

艾　米：蛇是__________，不能吃。

大　内：对，对。我也不喜欢吃蛇肉。

金汉成：我喜欢吃辣的。

服务员：对不起，我们这儿没有。__________有川菜餐厅和鲁菜餐厅。

山　本：我们去二层吧。(他们一边上楼，一边谈话) 你们知道四川菜有什么特点吗？

艾　米：不知道。你介绍介绍。

贝　拉：别着急，等一会儿。咱们一边吃，一边听他介绍。

山　本：你们知道吗？中国菜不但好吃而且有学问，饮食也是一种________
__________。

课文(三)

1. 听后选择正确答案　Listen and choose the correct answers

（1）A　　　　B

（2）A　　　　B

（3）A　　　　B

2. 填空　Fill in the blanks

情景：他们来到2层川菜餐厅，开始点菜。

服务员：你们一共几位？

山　本：__________个人。我看看菜单。要这__________个凉菜。

服务员：热菜点点儿什么？

山　本：我给你们点几个最有川菜特点的。小姐，要这__________。你们这儿还有什么拿手的好菜？

服务员：东坡肘子，我们的东坡肘子做得非常好。

山　本：行，再来个东坡肘子。

艾　米：我喜欢吃青菜。你点了吗？

山　本：好，再来个炒青菜。

服务员：你们喝点儿什么？

彼　得：咱们3个来瓶__________吧？

金汉成：行。来瓶儿二锅头吧。

彼　得：京酒吧，在北京要喝京酒。

山　本：你们呢？啤酒还是别的饮料？

贝　拉：要3听青岛啤酒。

大　内：要燕京吧。燕京是北京的名牌，__________都爱喝燕京啤酒。

服务员：燕京啤酒是不错。还要别的吗?

山　本：不要了。我们先吃着，不够再要。

课文(四)

1. 听后口头回答问题　Listen and then answer the question orally

2. 听后判别正误　Listen and decide if the statements are true or false

(1)　　(2)　　(3)　　(4)　　(5)　　(6)

3. 填空　Fill in the blanks

情景：他们一边吃一边谈川菜的特点。

贝　拉：这些菜味道都__________，以前我一个也没吃过。

山　本：以前我常吃清淡的菜，后来发现各种风味的中国菜都很好吃。

金汉成：山本，这个菜是用__________做的吧?

山　本：不是，是用__________做的。这个菜有鱼的味道，所以叫鱼香肉丝。

大　内：我不喜欢吃猪肉，可是这个菜很好吃。

山　本：中国菜讲究色、香、味、形，颜色好、味道香、形状美。各个地方的风味不同，又有八大菜系。你们知道哪八大菜系吗?

彼　得：不知道。

山　本：有川菜、粤菜、鲁菜、苏菜、浙菜、闽菜、湘菜、徽菜。

艾　米：川菜有什么__________?

山　本：川菜的特点是麻、辣、甜、咸、酸、苦、香7种味道都有。

金汉成：我喜欢吃辣的。一边吃着麻辣鸡丝，一边喝着白酒，满头大汗，舒服极了。

彼　得：对，还可以治＿＿＿＿＿＿。

艾　米：这个菜为什么叫东坡肘子？

山　本：这是用猪腿做的，猪腿也叫肘子。据说宋朝的大诗人苏东坡喜欢吃这个菜。后来人们就叫它东坡肘子了。

大　内：在吃的方面你知道的真多。

金汉成：跟他一起吃饭又能品尝美味佳肴，又能增长＿＿＿＿＿＿。

课文(五)

1. 听后口头回答问题　Listen and then answer the questions orally

2. 听后判别正误　Listen and decide if the statements ale true or false

(1)　　(2)　　(3)　　(4)　　(5)

3. 填空　Fill in the blanks

情景：他们吃完饭以后，准备结账。

贝　拉：山本，你对中国菜怎么知道得这么多？

山　本：主要是实践，多＿＿＿＿＿＿，多＿＿＿＿＿＿。多去品尝各种风味的菜肴，多看关于中国菜的书。

大　内：你真是个名副其实的美食家。

山　本：我这个美食家只会吃，不会做。

贝　拉：你吃过意大利菜吗？我做意大利＿＿＿＿＿＿很拿手。

山　本：什么时候请我们尝尝你做的面条？

贝　拉：没问题。

金汉成：咱们学校＿＿＿＿＿＿有一家韩国风味餐厅刚刚营业，明天去那儿品尝品尝好不好？

贝　拉：你们韩国菜是不是也很辣？

金汉成：你想吃吗？实践一下就知道了。

山　本：小姐，结账。

服务员：一共＿＿＿＿＿＿块。你这是＿＿＿＿＿＿。

山　本：不用找了。

服务员：谢谢，几位慢走，欢迎再来。

三　听后练习　After Listening

（一）听下面的短文　Listen to the short passage

（二）听后快速口头回答问题

Listen and then answer the questions quickly and orally

（三）听后说出这个短文跟课文（二）（三）（四）有什么不同

Listen and tell the differences between this short passage and texts（2），（3），（4）

（四）复述这个短文　Retell this short passage

四　泛听练习　Extensive Listening

（一）你请客，我付钱

听后判别正误　Listen and decide if the statements are true or false

(1)　　(2)　　(3)　　(4)　　(5)

（二）宫保鸡丁

听后选择正确答案　Listen and choose the correct answer

A　　B　　C　　D

（三）不能吃

听后选择正确答案　Listen and choose the correct answers

（1）A　　B

（2）A　　B

（四）我正在非洲

听后判别正误　Listen and decide if the statements are true or false

（1）　（2）　（3）　（4）　（5）

第二课

Qiáng shang zhè zhāng zhàopiàn shì—

墙上这张照片是——

New Words 生词

1. 戴	（动）	dài	to put on, to wear
2. 眼镜	（名）	yǎnjìng	glasses
3. 仨	（数）	sā	three
4. 相册	（名）	xiàngcè	photo album
5. 天真	（形）	tiānzhēn	innocent
6. 手艺	（名）	shǒuyì	skill, workmanship
7. 区别	（动、名）	qūbié	to differentiate, difference
8. 排行	（动）	páiháng	seniority among brothers and sisters
9. 布置	（动）	bùzhì	to fix up, to arrange, to decorate
10. 录像机	（名）	lùxiàngjī	videorecorder
11. 打印机	（名）	dǎyìnjī	printer
12. 字画	（名）	zìhuà	calligraphy and painting
13. 亲密	（形）	qīnmì	close, intimate
14. 结实	（形）	jiēshi	solid, sturdy, durable
15. 亲戚	（名）	qīnqi	relative

一 听前练习 Before Listening

(一)语音练习 Phonetic practice

1. 听写音节 Syllable dictation

(1) {　　　　(2) {

(3) {　　　　(4) {

(5) {　　　　(6) {

(7) {　　　　(8) {

2. 辨别（请你画出听到的音节）
Distinguish (Underline the syllables you hear)

(二)词语练习 Word practice

1. 听句子挑出生词
Listen and choose the new words in the sentences

2. 根据听到的内容把左边和右边相关的词语用直线连起来
Listen and match the words in the left and right columns according to what you hear

戴	不错
区别	排行
布置	眼镜
表示	相册
手艺	意思
一本	孩子
一幅	房子
天真的	客厅
亲密的	字画
结实的	朋友

（三）句子练习 Sentence practice

1. 听句子，听后做替换练习 Listen and make substitution drills

（1）这个穿白衬衫的是谁？

（2）这3个女的是你姨吧？

（3）谁先回来谁做饭。

（4）我们管爸爸的哥哥叫大爷。

2. 听句子，判别正误

Listen and decide if the explanations are right or wrong

（1）　（2）　（3）　（4）　（5）　（6）

二 听时练习 While Listening

课文（一）

1. 听后选择正确答案 Listen and choose the correct answers

（1）A　B　C　D

(2) A　　B　　C　　D

(3) A　　B　　C　　D

(4) A　　B　　C　　D

2. 填空　Fill in the blanks

情景：山本、大内、艾米和金汉成在王欢家。山本和大内看墙上的照片。

大内：王老师，墙上这张照片是——

王欢：我们的全家福，是＿＿＿＿＿＿前照的。

山本：你们家的人真多。

大内：坐在前边中间的一定是你爷爷、＿＿＿＿＿＿吧？

王欢：对，左边是我爸爸、妈妈，右边是叔叔和婶子。

山本：后边的这两个女的是谁？

王欢：我＿＿＿＿＿＿。

大内：王老师，哪个是你？

山本：这个穿白衬衫的是吧？

王欢：不对，那是我＿＿＿＿＿＿。

山本：这个戴眼镜的是。

王欢：也不对，那时候我还没戴眼镜呢。

山本：他是谁？

王欢：我＿＿＿＿＿＿。

大内：你们仨长得真像！

课文(二)

1. 听后选择正确答案　Listen and choose the correct answers

(1) A　　B　　C　　D

(2) A　　B　　C　　D

(3) A　　B　　C　　D

(4) A　　B

2. 填空　Fill in the blanks

情景：艾米和金汉成在王欢家看一本相册。

金汉成：这张照片人也不少。

王　欢：这是我____________家。

艾　米：这个是你妈妈吧？

金汉成：我猜，这两个是你的舅舅，对不对？

王　欢：对，对，你们都很聪明。

艾　米：你妈妈真漂亮。

金汉成：这3个____________是你姨吧？

王　欢：这两个是舅妈。这个是我大姨。你看，她跟我姥姥长得多像。

艾　米：这个男的呢？

王　欢：我的大姨父。

金汉成：王老师，这里边怎么没有你？你在哪儿？

王　欢：那时我妈妈还没____________呢。

课文(三)

1. 听后选择正确答案　Listen and choose the correct answers

(1) A　B　C　D

(2) A　B　C　D

(3) A　B　C

(4) A　B　C

(5) A　B　C

2. 填空　Fill in the blanks

情景：山本和大内一边看照片，一边评论，他们谈到家庭的人口。

大内：你们看，这张照片照得多好。

山本：可不是，你看亮亮天真的样子多可爱。

王欢：这是他＿＿＿＿＿＿照的。

大内：亮亮今年几岁了？

王欢：五岁了。明年该上学了。

山本：王老师，你想不想要第二个孩子？

王欢：不想。一个孩子挺好。

山本：为什么？

王欢：我喜欢＿＿＿＿＿＿之家的小家庭。你们日本人不也是这样吗？

山本：年轻人跟你一样，喜欢人口少，可是有的老人还喜欢四世同堂的大家庭。

大内：我也喜欢小家庭，人少，矛盾少，家务事也少。

山本：那你是不是不想要孩子？

大内：当然了，＿＿＿＿＿＿世界多好！你喜欢要很多孩子？

山本：最少五个。等我老了，儿子、女儿、儿媳妇、女婿，还有很多孙子、孙女、外孙子、外孙女都来看我，我们一起玩儿，那多热闹，多幸福。

大内：热闹是热闹，幸福可＿＿＿＿＿＿。

课文（四）

1. 听后选择正确答案　Listen and choose the correct answers

(1) A　　B　　C　　D

(2) A　　B　　C　　D

(3) A　　B　　C　　D

(4) A　　B　　C　　D

(5) A　　B

2. 填空　Fill in the blanks

情景：快中午了，王欢准备做饭，山本、大内和王欢谈男人做饭的话题。

王欢：时间不早了，我去做饭。你们尝尝我的手艺。

大内：你也会做饭？

王欢：__________平等，女人会的男人都会。

山本：平常你们家谁做饭？

王欢：午饭我做，晚饭谁先回来谁做。

山本：那你爱人一定先回来。

王欢：哪儿啊？一个星期有__________我先回来。

山本：我知道了。那星期六、星期日谁做呢？

王欢：一般情况__________在外边吃，晚饭我做。

山本：原来天天都是你做饭哪？你爱人做什么？

王欢：她收拾桌子、洗碗什么的。

大内：像王老师这样的__________真是打着灯笼也难找。

王欢：不难找。在中国像我这样的男人到处都有。

山本：你想找吗？我给你介绍一个。

大内：那得问我__________同意不同意。

课文(五)

1. 听后选择正确答案　Listen and choose the correct answers

(1) A　B　C

(2) A　B　C　D

(3) A　B　C　D

(4) A　B　C　D

(5) A　B　C　D

2. 填空　Fill in the blanks

情景：饭做好了，王欢和艾米一边吃饭，一边谈中国人的家庭关系。

艾米：我看小说、听故事的时候，常常看到、听到二大爷、三叔、七姑、八姨什么的，这是怎么回事？

王欢：你们管爸爸的＿＿＿＿＿＿叫什么？

艾米：uncle.

王欢：妈妈的＿＿＿＿＿＿呢？

艾米：也叫 uncle.

王欢：对呀，你说“my uncle”，我不知道是你爸爸的＿＿＿＿＿＿还是你妈妈的＿＿＿＿＿＿。中国人就把它区别开了。我们管爸爸的哥哥叫大爷、管爸爸的弟弟叫叔叔；管妈妈的哥哥和弟弟叫舅舅。为了表示排行，可以叫大舅、二舅、三舅。

艾米：姑姑和姨呢？

王欢：姑姑是爸爸的＿＿＿＿＿＿或妹妹；姨是妈妈的＿＿＿＿＿＿或妹妹。她们结婚以后也叫姑母、姨妈什么的。还有，大爷的爱人叫大妈；叔叔的爱人叫婶儿；舅舅的爱人叫舅妈。

艾米：这些我们都叫 aunt.

王欢：姑姑的＿＿＿＿＿＿我们叫姑父；姨的＿＿＿＿＿＿叫姨父。大姑、二姑、三姑、四姑，大姨、二姨、三姨、四姨，也是表示排行。

艾米：二大爷、三叔、七姑、八姨，中国人的家庭关系真复杂。

王欢：现在就简单了。

艾米：怎么？

王欢：一对夫妇只生一个＿＿＿＿＿＿，不就简单了吗？

三　听后练习　After Listening

（一）快速口头回答问题　Answer the questions quickly and orally

（二）根据某人是父母的什么亲属快速说出应对这个人称呼什么

How to call these people? Quickly give the forms of address for these relationships

四 泛听练习 Extensive Listening

（一）王欢家布置得怎么样？

听后判别正误 Listen and decide if the statements are true or false

(1)　　(2)　　(3)　　(4)　　(5)

（二）“先生”

听后选择正确答案 Listen and choose the correct answers

(1) A　　B　　C

(2) A　　B　　C

（三）三家的客厅

听后选图（在每张图的下面写上这是谁的家）

Listen and choose（Write whose house it is under each picture）

图1

这是________的家。

图2

这是________的家。

图3

这是________的家。

（四）住四合院的好处

听后选择正确答案　Listen and choose the correct answer

A　　B　　C　　D

第三课

Nǐ hǎodiǎnr le ma?

你好点儿了吗？

New Words 生词

1. 摔	（动）	shuāi	to fall
2. 骨折	（动、名）	gǔzhé	fracture
3. 有意	（动）	yǒuyì	purposely, intentionally
4. 安排	（动、名）	ānpái	to arrange; arrangement
5. 同时	（名）	tóngshí	at the same time
6. 笔记	（名）	bǐjì	note
7. 安心	（形）	ānxīn	to keep one's mind on sth.
8. 养病	（动）	yǎngbìng	to recuperate
9. 至少	（副）	zhìshǎo	at the least
10. 首都	（名）	shǒudū	capital
11. 终点站	（名）	zhōngdiǎnzhàn	terminus
12. 座位	（名）	zuòwèi	seat
13. 争	（动）	zhēng	to argue, to dispute, to debate
14. 毒药	（名）	dúyào	poison, toxicant
15. 死神	（名）	sǐshén	Death, Hades
16. 上帝	（名）	shàngdì	God

一　听前练习　Before Listening

（一）语音练习　Phonetic practice

1. 听写音节　Syllable dictation

(1) {　　　　(2) {

(3) {　　　　(4) {

(5) {　　　　(6) {

(7) {　　　　(8) {

2. 辨别（请你画出听到的音节）
Distinguish（Underline the syllables you hear）

（二）词语练习　Word practice

1. 听句子挑出生词
Listen and choose the new words in the sentences

2. 根据听到的内容把左边和右边相关的词语用直线连起来
Listen and match the words in the left and right columns according to what you heat

摔坏	剧场
有意	座位
记	半年
安心	养病
在家	笔记
首都	腿
至少	终点站
我的	休息
坐到	安排
吃	上帝
遇见	死神
去见	毒药

3. 听句子，根据句意猜老师指出的词语的意思

Listen to the sentence and guess the meaning of each word or phrase the teacher points out

（三）句子练习 Sentence practice

听后模仿 Listen and imitate

二 听时练习 While Listening

课文（一）

1. 听后判别正误 Listen and decide if the statements ate true or false

（1） （2） （3） （4）

2. 填空 Fill in the blanks

情景：丁兰想去医院看方云天，来到大内的宿舍借录音磁带。

丁兰：大内，你的Mp3里有__________歌曲吗？

大内：有，你想听啊？

丁兰：不是，方云天住院了，他在医院很寂寞，想听________歌曲。

大内：方云天住院了？他怎么了？

丁兰：你还不知道啊？________星期踢足球的时候，把腿摔坏了，是骨折。

大内：没人告诉我呀！我说怎么好几天没看见他了呢。

丁兰：今天________我去医院看他。顺便借你的Mp3给他带去，让他听听。

大内：正好我也没事，跟你一起去吧。

丁兰：好。

大内：咱们怎么去？

丁兰：坐公共汽车怎么样？

大内：公共汽车挤得要死，而且路上堵车很厉害，________去吧。

丁兰：骑车去，你行吗？你刚学会骑车，马路上车多得要命。

大内：没问题，________我就自己骑车进城了。

课文(二)

1. 听后判别正误　Listen and decide if the statements are true or false

(1)　　(2)　　(3)　　(4)　　(5)　　(6)

2. 填空　Fill in the blanks

情景：丁兰和大内在去医院的路上。

大内：小丁，你知道怎么走吗？

丁兰：知道。今天我带你走条________。

大内：红灯！别走了！

丁兰：咱们往右拐，没关系。

大内：没关系？那儿有警察，抓住得交罚款。

丁兰：红灯不能左拐，________可以。

大内：是吗？我一看见红灯就停下来。

丁兰：这次知道了吧？

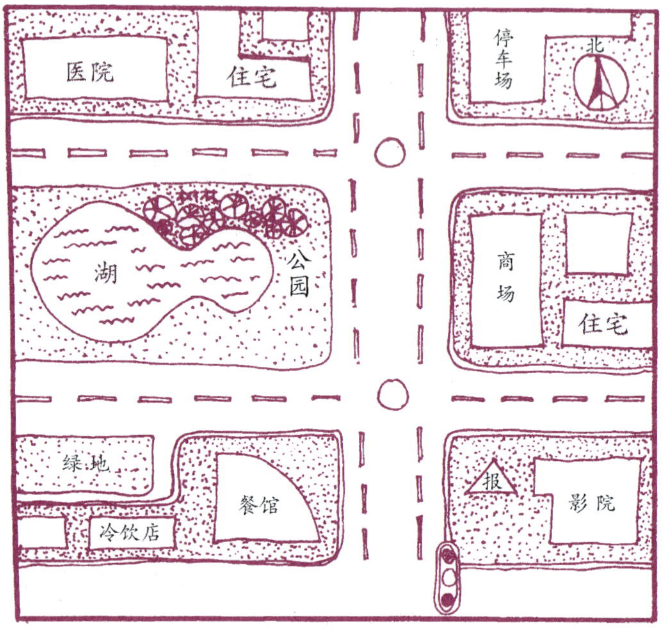

图 1

大内：知道了。还远吗？

丁兰：不太远了，一直走，到前边第________个十字路口向左拐，再骑________分钟就到了。

大内：这条路真不错，人很少。

丁兰：前边更好。你看，那儿有一个湖，咱们顺着湖边走。

大内：还有小树林呢！这不是________吗？

丁兰：是，可是不收门票。

课文(三)

1. 听后判别正误　Listen and decide if the statements are true or false

（1）　（2）　（3）　（4）　（5）　（6）

2. 填空　Fill in the blanks

情景：丁兰和大内来到医院。

大内：你知道他住哪儿吗?

丁兰：好像是__________病房__________床，不对，是__________病房__________床吧?

大内：我哪儿知道?

丁兰：哎呀，我怎么忘了?

大内：没关系，那儿是__________，咱们去问问。

丁兰：大夫，请您帮忙查一下，有个叫方云天的住几号病房?

大夫：方云天?什么病?哪个单位的?

丁兰：骨折。语言大学的__________。

大夫：住__________病房。

大内：__________病房在哪儿?

大夫：__________楼。从前边向左拐，那儿有电梯。

大内：谢谢您!

课文(四)

1. 听后判别正误　Listen and decide if the statements are true or false

(1)　　(2)　　(3)　　(4)　　(5)　　(6)　　(7)

2. 填空　Fill in the blanks

情景：丁兰和大内来到方云天的病房。

丁　兰：你看，__________床，方云天。

方云天：你们怎么来了?

大　内：你好点儿了吗?

方云天：__________。

丁　兰：还疼不疼？

方云天：有一点儿，不怎么疼了。快坐，这儿有椅子。

大　内：你别管了，我们＿＿＿＿＿＿来。

丁　兰：王才说你住院了，前几天就想来看你，可是这个星期又是运动会又是考试，实在太忙。

大　内：我今天才知道你住院了。小丁说你想听日语歌曲，这是＿＿＿＿＿＿＿＿＿＿音乐Mp3。

方云天：太谢谢你们了。

丁　兰：这是同学们给你买的＿＿＿＿＿＿。

方云天：你们来看看就行了，还买什么东西？

丁　兰：对了，还有王才给你买的《＿＿＿＿＿＿报》，昨天刚出的。

方云天：看来还是王才最＿＿＿＿＿＿我。

课文(五)

1. 听后判别正误　Listen and decide if the statements are true or false

（1）　（2）　（3）　（4）

（5）　（6）　（7）　（8）

2. 填空　Fill in the blanks

情景：丁兰和大内继续跟方云天谈话。

丁　兰：大夫怎么给你治？

方云天：＿＿＿＿＿＿、＿＿＿＿＿＿。你们看，这么多药。

大　内：这个医院的环境不错，又干净又漂亮。

方云天：是啊，＿＿＿＿＿＿、＿＿＿＿＿＿也非常热情。

丁　兰：食堂的饭菜怎么样？

方云天：不错，有肉有青菜，米饭、馒头、饺子、面条儿什么都有。比学校吃得好，还便宜。

丁　兰：那你还不多住些＿＿＿＿＿？

方云天：病没好，我想早走，大夫也不让。

大　内：这个病房只有两个人？

方云天：我的病友是＿＿＿＿＿人，不会说汉语。他刚出去。

丁　兰：是吗？这是医院有意安排的吧？

方云天：可不是，他们给我找了一位＿＿＿＿＿，同时让我当他的翻译。

丁　兰：你是治病学习两不耽误。看来，你真的不想走了。

方云天：哪里？医院再好也不如学校。我现在还不能＿＿＿＿＿，太寂寞了。

大　内：你不是跟同屋练习说日语吗？

方云天：他住了＿＿＿＿＿个多月，快出院了，现在常常出去，屋子里只有我一个人。

丁　兰：别着急，我们会常来看你的。王才说他＿＿＿＿＿来，你还要什么东西吗？

方云天：让他把上课的笔记带来，别的没有了。

大　内：那你安心养病吧，有时间我们＿＿＿＿＿看你。

三　听后练习　After Listening

快速口头回答问题　Answer the questions quickly and orally

四　泛听练习　Extensive Listening

（一）他看见我和大内特别高兴

听后判别正误　Listen and decide if the statements are true or false

（1）　（2）　（3）　（4）　（5）

(二)到首都剧场怎么走?

听后选择正确答案 Listen and choose the correct answers

(1) A B

(2) A B

(3) A B

(三)到动物园坐几路车?

听后选择正确答案 Listen and choose the correct answer

(1) A B

(2) A B C

(四)马上出院

听后选择正确答案 Listen and choose the correct answer

A B C

(五)去见上帝

听后选择正确答案 Listen and choose the correct answer

A B C D

第四课

Shénmeyàng de tiáojiàn shì héshì de?

什么样 的条件 是合适 的?

New Words 生词

1. 恋爱	(动、名)	liàn'ài	to fall in love; love
2. 感情	(名)	gǎnqíng	feeling
3. 外表	(名)	wàibiǎo	outward, appearance
4. 性格	(名)	xìnggé	nature, disposition
5. 脾气	(名)	píqi	temper
6. 直接	(形)	zhíjiē	direct, immediate
7. 确定	(动)	quèdìng	to confirm
8. 爱情	(名)	àiqíng	love
9. 例子	(名)	lìzi	example
10. 称呼	(动、名)	chēnghu	to call, to address; call
11. 超前	(动)	chāoqián	lead
12. 难为情	(形、动)	nánwéiqíng	ashamed, embarrassed
13. 招待	(动)	zhāodài	to entertain
14. 着火		zháo huǒ	to catch fire, to be on fire
15. 烧	(动)	shāo	to burn
16. 邻居	(名)	línjū	neighbor
17. 自私	(形)	zìsī	selfish

一 听前练习

（一）词语练习

1. 听句子，根据句意猜老师指出的词语的意思

2. 熟读下列短语

谈恋爱	有感情
正在谈恋爱	有很深的感情
小张和小王正在谈恋爱	小张和小王有很深的感情
直接关系	确定恋人关系
直接领导	确定爱情关系
直接表示	确定旅行的时间
直接表示爱情	确定旅行的路线
举例子	难为情
举一个例子	很难为情
给我们举一个例子	使别人难为情
请您给我们举一个例子	使对方感到很难为情
招待客人	我的邻居
招待一位客人	是我的邻居
准备招待一位客人	是我家的邻居
他们准备招待一位客人	王老师是我家的邻居

（二）句子练习

1. 听句子口头回答问题

2. 听后模仿

二 听时练习

课文(一)

1. 听后讨论

(1) 艾米对什么问题不太明白?

(2) 为什么很多年轻人恋爱要经过别人介绍?

(3) 丁兰谈了几个方面的原因?

2. 填空

情景:艾米正在看《中国民俗研究》,丁兰来到她的房间。

丁兰:艾米,你__________呢?

艾米:《中国民俗研究》。你看过吗?

丁兰:看过。你觉得有意思吗?

艾米:很有意思。我刚看完《汉族人的婚俗》。我__________,为什么很多年轻人恋爱要经过别人介绍呢?

丁兰:这有__________的原因,也有__________的原因。你知道,古时候青年男女没有见面的机会,婚姻大事得经过别人介绍,由__________做主。

艾米:那现代的原因呢?

丁兰:自由恋爱要有时间和机会。比如,两个人在__________学习或工作,经过长时间的了解互相有了感情,就__________了。可是一个单位男女的人数不一样多,要是男的多女的少,__________找对象的机会就少;如果女的多男的少,__________找对象就困难了。还有的人在本单位找不到__________的,只好经过热心的"红娘"来介绍。

课文(二)

1. 听后讨论

(1) 艾米和丁兰讨论什么问题?

(2) 艾米是怎么提出“一见钟情”的话题的?

(3) 丁兰同意“一见钟情”的恋爱方式吗?

2. 填空

情景:丁兰和艾米继续谈恋爱婚姻的话题。

艾米:找对象不一定＿＿＿＿＿＿＿＿,在公园、商店、路上不是也有“一见钟情”的吗?

丁兰:有是有,可是太少了。“一见钟情”只看外表,东方人觉得思想、性格、脾气、爱好更重要,不像西方人,＿＿＿＿＿＿＿＿就说“我爱你”。

艾米:要是有人第一次见面就对我说“我爱你”,我＿＿＿＿＿＿＿＿。

丁兰:要是有人第一次见面就对我说“我爱你”,我＿＿＿＿＿＿＿＿。

艾米:这是为什么?

丁兰:你想啊,刚一见面他能了解你的思想吗?不了解你的思想、性格、脾气、爱好,就说“爱你”,＿＿＿＿＿＿＿＿吗?现在你漂亮他爱你,等你老了,不漂亮了,他还爱不爱你?

艾米:你说得有道理。

丁兰:“一见钟情”常常是认识不到一个月就＿＿＿＿＿＿＿＿,结婚不到两个月就＿＿＿＿＿＿＿＿。

艾米:经过别人介绍就不离婚了吗?

丁兰:那不一定。离婚不离婚要看两个人的＿＿＿＿＿＿＿＿怎么样,这跟是别人介绍的还是自由恋爱的没有直接关系。

课文（三）

1. 听后讨论

(1) 初次见面要了解对方什么情况？

(2) 初次见面以后怎么互相来往？

2. 填空

情景：她们继续谈介绍对象的话题。

丁兰：经过别人介绍，__________以前就能对对方有个大概的了解。你要是觉得条件合适就__________；条件不合适可以__________。

艾米：什么样的条件是合适的？

丁兰：这很难说。每个人的条件不一样。一般来说，__________要了解一下对方的年龄、职业、学历、家庭、婚姻情况，还要__________对方的相貌和身高，如果这些条件合适就互相来往。

艾米：怎么来往？

丁兰：经常在一起谈话、吃饭、逛公园、看电影、参观游览，通过__________了解对方的思想、性格、脾气、爱好等等。经过一段时间的了解，双方都很满意，从相识到相知，就确定__________，再从相知到相爱，经过初恋、热恋，就可以结婚了。

艾米：要是有一方不满意呢？

丁兰：那就__________呗。

课文（四）

1. 听后讨论

(1) 这段课文有几个话题？是什么？

(2) 中国年轻人怎样表示爱情？丁兰说了几个例子？

(3) 情人节的时候互相送什么礼物？

2. 填空

情景：她们谈到年轻人表示爱情的方法。

艾米：这本书里说中国的年轻人＿＿＿＿＿＿很含蓄，这“含蓄”是什么意思？

丁兰：“含蓄”就是说的话含有很深的意思，但是不＿＿＿＿＿＿。

艾米：能举个例子吗？

丁兰：有一个小伙子爱上了一个姑娘，他说：“你在我身边，我的＿＿＿＿＿＿只有你一个人；你不在我身边，我的＿＿＿＿＿＿只有你一个人。”那个姑娘明白了他的意思，说：“只有＿＿＿＿＿＿的时候，我才觉得最快乐、最高兴、最幸福。”你想，那个姑娘喜欢这个小伙子吗？

艾米：当然是喜欢了。

丁兰：还有一个姑娘爱上了一个小伙子，她说：“小张，我愿意跟你＿＿＿＿＿＿美好的明天，＿＿＿＿＿＿。”小伙子当然也明白她的意思。他说：“我等你说这句话等了两年，今天终于等到了。”你说这个小伙子爱那个姑娘吗？

艾米：真有意思。对了，在中国有＿＿＿＿＿＿吗？

丁兰：以前没有，现在有了。很多年轻人喜欢在这一天给恋人送些礼物。

艾米：送什么礼物？

丁兰：一般是男的给女的＿＿＿＿＿＿，女的给男的＿＿＿＿＿＿。

艾米：这跟我们西方一样。

丁兰：这个节日就是跟你们学来的。

课文（五）

1. 听后判别正误

（1）　（2）　（3）　（4）　（5）　（6）

2. 填空

情景：丁兰给艾米介绍恋人的称呼。

丁兰：艾米，你知道吗？恋人的__________很有意思，从__________可以看出他们关系怎么样，感情有多深。

艾米：是吗？

丁兰：刚认识的时候，一般都叫对方的姓名。__________的时候可以只叫名字。__________的时候，只叫名字的最后一个字，有时候前边加上“亲爱的”、后边加上“哥”或者“妹”。称呼自己，__________的时候用姓名或名字，__________的时候只用名字的最后一个字或前边加上“你的”。

艾米：你说的我怎么听不懂？

丁兰：我举个例子，比如男的叫李大刚，女的叫张小玲。刚认识的时候他们__________：“李大刚”、“张小玲”。初恋的时候叫对方的名字：“大刚”、“小玲”。热恋的时候，__________“刚”、“刚哥”、“亲爱的刚”、“亲爱的”；__________“玲”、“玲妹”、“亲爱的玲”、“亲爱的”。__________，初恋的时候是“大刚”、“小玲”。热恋的时候，男的自称“刚”、“你的刚”。女的自称“玲”、“你的玲”。每个阶段有一定的称呼，超前约称呼，会使对方难为情。

艾米：听你这么一说，恋人之间的称呼还有__________呢。

丁兰：可不是。

三 听后练习

（一）再听一遍课文（一），听后判别正误

（1）　　（2）　　（3）　　（4）

（二）再听一遍课文（二），然后选择正确答案

1. A　　B　　C　　D

2. A　　B　　C　　D

3. A　　B

（三）再听一遍课文（三），然后选择正确答案

1. A　　B

2. A　　B　　C　　D

3. A　　B　　C　　D

4. A　　B　　C　　D

（四）再听一遍课文（四），听后判别正误

（1）　（2）　（3）　（4）

（五）再听一遍课文（五），听后选择正确答案

1. A　　B　　C

2. A　　B　　C

3. A　　B　　C

四　泛听练习

（一）“我也请你帮个忙”

听后判别正误

（1）　（2）　（3）　（4）　（5）　（6）

（二）弟弟是个书迷

听后选择正确答案

A　　B　　C　　D

（三）大宇和小花的故事

听后判别正误

（1）　（2）　（3）　（4）

（5）　（6）　（7）　（8）

第五课

Yuèliang lǐbian yǒu shénme?

月亮 里边有 什么？

New Words 生词

1. 赏	（动）	shǎng	to admire, to enjoy
2. 机器	（名）	jīqì	machine
3. 桂花	（名）	guìhuā	sweet osmanthus
4. 结业证	（名）	jiéyèzhèng	certificate of a complete course
5. 谐音	（动）	xiéyīn	homophone
6. 富余	（动、名）	fùyu	have enough and to spare; surplus
7. 拜年		bài nián	pay a New Year call to
8. 庙会	（名）	miàohuì	temple fair
9. 粽子	（名）	zòngzi	a Chinese traditional food
10. 灭亡	（动）	mièwáng	to die out
11. 粥	（名）	zhōu	gruel
12. 丰收	（动）	fēngshōu	bumper harvest
13. 醋	（名）	cù	vinegar
14. 蒜	（名）	suàn	garlic
15. 蘸	（动）	zhàn	to dip in
16. 埋	（动）	mái	to bury
17. 善良	（形）	shànliáng	kindhearted
18. 掰	（动）	bāi	to break off with the fingers and thumb

一　听前练习

（一）语音练习

1. 听句子，根据句意猜老师指出的词语的意思

2. 听句子，快速口头回答问题

（二）句子练习

1. 听句子，判别正误

（1）　（2）　（3）　（4）

（5）　（6）　（7）

2. 听句子，用老师给的词改句子

（1）长城跟正在腾飞的长龙一样，弯弯曲曲没有尽头。

（2）长城又是一幅美丽的山水画儿，咱们都是画中人。

（3）中秋节的月亮又圆又大，人们吃的月饼和水果也是圆的，表示一家人的团圆。

（4）过春节的时候每个家庭都吃饺子。

（5）过元宵节的时候每个家庭都挂上各种各样的灯笼。

（6）孩子们发现圣诞礼物，认为是圣诞老人送来的。

二　听时练习

课文（一）

1. 听后口头回答问题

2. 填空

情景：中秋节正好是周末，山本、大内、贝拉、艾米、彼得、金汉成等和中国老师一起登长城赏月，他们还邀请了一些中国同学。下午4点，艾米、金汉成、王欢先登上长城。

艾　米：啊，我____________登上了长城！

金汉成：你的身体不如我，可是你爬得比我还快！

艾　米：爬长城是我多年的梦想，今天____________了。你们快来呀，看，长城多美！

金汉成：真的，多像一条正在腾飞的长龙，弯弯曲曲没有尽头。

艾　米：又像一幅美丽的____________！

金汉成：可不是，红花绿树，青山绿水，咱们都是画中人！

艾　米：王老师，人们都说“万里长城”，长城真的有____________吗？

王　欢：没错儿，长城有____________呢，它东起山海关，西到嘉峪关，穿过中国的7个省。

艾　米：听说长城是秦朝开始修建的，对吗？

王　欢：不完全对，秦朝以前就已经修建了一段一段的城墙，秦始皇____________，把这些城墙连接起来了。

金汉成：我在一本书里看到，当时修长城用了____________人，____________的时间。

艾　米：那时候也没有机器，这么多的砖石是怎么运到山上的呢？

王　欢：没别的，就用____________和两个肩膀。

艾　米：天哪！这真是奇迹！

金汉成：方老师他们也上来了。这个烽火台是长城的最高处，咱们在这儿____________吧。

课文(二)

1. 听后口头回答问题

2. 填空

情景：山本、大内、白华和金汉成一边吃晚饭一边谈话。

山　本：你们看，月亮______________。

大　内：今天的月亮真是又圆又大。我们吃的月饼和水果也是圆的。

白　华：这就叫团团圆圆，象征一家人的______________。

金汉成：我们这个联合家庭在长城上团圆太有意思了。

白　华：你说得真好。____________是个小联合国，也可以说是联合家庭。

大　内：金汉成，你不想家了?

金汉成：怎么不想?我们韩国人也把中秋节看做是团圆的节日。

白　华：是啊，月光常常______________，全家团圆是各国人民的共同愿望。

山　本：彩灯也亮了，这长城多像彩色的长龙！明月照长城，长城亮彩灯。举头望明月，低头看长龙。

大　内：啊，真没想到，我们的美食家还会做诗。

白　华：山本的诗不错，只是______________有点儿问题。

山　本：白老师，您在长城上还给我们上课啊?

课文(三)

1. 听后口头回答问题

2. 填空

情景：方龙、彼得、艾米和贝拉聊天。

艾米：方老师，听说宇航员在飞船上看地球的时候，用眼睛只能看到两个地方一个是荷兰的围海大堤，另一个是中国的__________。是吗？

方龙：我也听说过，可不知道是不是真的。不过，用修长城的砖石修一道厚。米高5米的墙，可以绕__________。这倒是真的。

艾米：真了不起！

方龙：你们看，月亮里边有什么？

贝拉：什么也没有啊。

方龙：月亮里边有一个__________叫嫦娥，她一个人住在那儿，只有专兔和桂花树陪伴她。

彼得：她一定很寂寞吧？

贝拉：你想上去陪她吗？

彼得：想，还想让她辅导我__________呢。

贝拉：你上得去吗？

彼得：上得去。

贝拉：怎么上去？

彼得：__________上去。我得在那儿多住些日子，怕一时下不来。

艾米：让他上去吧，__________，学校不发给他结业证。

课文(四)

1. 听后口头回答问题

2. 填空

情景：方龙、艾米、彼得和丁兰谈春节和圣诞节。

艾米：方老师，除了__________，还有什么节是团圆的节日？

方龙：春节。春节在农历新年的第一天——正月初一，是中国最重要的传统节日。

艾米：__________是什么意思？

丁兰：正月就是＿＿＿＿＿＿＿＿，初一就是＿＿＿＿＿＿＿＿。

方龙：过春节也叫过年，春节前一天的夜晚是除夕，除夕时全家人要在一起吃年夜饭，也叫团圆饭。

艾米：过春节的时候家家都吃饺子，可我听说还一定要＿＿＿＿＿＿＿。这是为什么？

方龙：这是因为"鱼"和"余"两个字谐音，过年的时候＿＿＿＿＿＿表示"年年有余（鱼）"，年年都富余，生活一年比一年好。

丁兰：春节的活动很多，看电视春节晚会、人们互相拜年，还有逛庙会，可热闹了。

彼得：这跟我们的圣诞节差不多。

丁兰：圣诞节有哪些活动？

艾米：圣诞节的活动从圣诞夜，也就是＿＿＿＿＿＿＿的晚上开始。很多地方都举行音乐会。

丁兰：听说圣诞老人要给孩子们送礼物。

彼得：说是圣诞老人送的，其实是他们的父母送的。孩子睡觉的时候父母把礼物放在他们的衣服和袜子里。第二天，孩子们发现了礼物都以为是圣诞老人送来的。

艾米：圣诞节这天，家家都要买上一棵圣诞树，吃完饭，大家围坐在圣诞树旁边唱歌、跳舞、讲故事，也＿＿＿＿＿＿＿＿。

课文（五）

1. 听后口头回答问题

2. 填空

情景：方龙、艾米、彼得、丁兰继续谈节日。

丁兰：除了春节、中秋节，还有＿＿＿＿＿、＿＿＿＿＿也是重要的传统节日。

艾米：元宵节也叫＿＿＿＿＿＿＿＿，对吧？

方龙：对，它是一年中第一个月圆的夜晚。

艾米：一年中第一个月圆的夜晚，是＿＿＿＿＿＿，对不对？

方龙：对。这一天，家家户户都挂上各种各样的灯笼。

艾米：这个习惯是从什么时候开始的？

方龙：＿＿＿＿＿＿，从＿＿＿＿＿＿就有了看花灯的习俗。

丁兰：元宵节还有＿＿＿＿＿＿的习俗。

艾米：南方人好像叫汤圆。

丁兰：元宵和汤圆样子差不多，可是做法不太一样。

彼得：以前我只知道春节、中秋节，没听说过元宵节。

丁兰：你听说过端午节吗？

彼得：也没有。端午节是怎么回事？

丁兰：端午节在农历＿＿＿＿＿＿。这一天家家户户吃粽子。

艾米：我听过一个讲座，这好像是纪念屈原的。

彼得：屈原是谁？

方龙：他是中国历史上的一位爱国诗人。＿＿＿＿＿＿，他在楚国做官，给楚王提了很多好的意见，可是楚王不听他的，结果楚国灭亡了。屈原不愿意看到自己国家的灭亡，就＿＿＿＿＿＿了。

彼得：这跟吃粽子有什么关系呢？

方龙：当时人们＿＿＿＿＿＿，把米饭用一种叶子包起来，扔到江里。

彼得：是给屈原吃吗？

丁兰：哪儿啊！屈原死了，还能吃吗？

方龙：是给鱼吃的。鱼吃了米饭，肚子饱了，就不会吃屈原的尸体了。

艾米：端午节很多地方举行赛龙舟的活动，这是为什么？

方龙：屈原自杀以后，很长时间找不到他的尸体。人们划船在江里找，为了＿＿＿＿＿＿，都用力地划，看谁划得快。以后，每年这一天举行龙舟比赛，成为纪念屈原的一种活动。

三 听后练习

（一）讨论：学了以上5段课文你了解了哪些新的信息？

（二）讨论：以上5段课文中哪些信息是你以前就知道的？

四 泛听练习

（一）庆丰日

听后选择正确答案

A　　B　　C　　D

（二）春节吃饺子的习惯

听后选择正确答案

A　　B　　C　　D

（三）张三到李四家赏月

听后选择正确答案

A　　B　　C　　D

（四）孟姜女的故事

听后选择正确答案

A　　B　　C　　D

第六课

Nín kàn shì nǎr de máobìng?

您看是哪儿的毛病?

New Words 生词

1. 扎	(动)	zhā	to puncture
2. 快门	(名)	kuàimén	shutter
3. 零件	(名)	língjiàn	spare parts
4. 漏	(动)	lòu	to leak
5. 稍微	(副)	shāowēi	a little, slightly
6. 闹铃	(名)	nàolíng	alarm bell
7. 电池	(名)	diànchí	battery
8. 纽扣	(名)	niǔkòu	button
9. 甩干		shuǎigān	to wring out
10. 保修	(动)	bǎoxiū	to guarantee to keep sth. in good repair
11. 上门		shàng mén	to come or go to see sb., to call
12. 织补	(动)	zhībǔ	to knit up
13. 虫子	(名)	chóngzi	insect
14. 轮胎	(名)	lúntāi	tire
15. 工具	(名)	gōngjù	tool
16. 扳	(动)	bān	to pull
17. 卸	(动)	xiè	to strip, to dismantle

一　听前练习

（一）词语练习

1. 听句子挑出生词

2. 听句子，根据句意猜老师指出的词语的意思

（二）句子练习

1. 听句子，判别正误

（1）	（2）	（3）	（4）
（5）	（6）	（7）	（8）

2. 听后模仿

二　听时练习

课文（一）

1. 听后口头回答问题

2. 填空

情景：金汉成的自行车坏了，他在车铺跟修车师傅说话。

金汉成：师傅，我修车。

师　傅：怎么了？

金汉成：后带，后带________。

师　傅：让我看看。噢，这车胎被扎破了，得补一下。

金汉成：快吗？我________。

师　傅：快，10分钟就得。这车是刚买的吧？

金汉成：还不到两个月呢。对了，师傅，我这车常常是________打

满了气，第二天就剩一半儿了。

师　傅：可能是气门心的毛病。你看，果然坏了，换一个吧。

金汉成：这车闸也不灵，您给看看。

师　傅：你看，这车闸跟没有一样，多＿＿＿＿＿＿哪！

金汉成：可不是，有好几次差点儿撞着人。这车还是＿＿＿＿＿＿呢！

师　傅：什么车都一样，新车骑了一段时间以后，应该送到车铺检修一下，要不然小毛病会变成大毛病。

金汉成：您不说我还真不知道，光骑不修看来不行。

师　傅：好了，你试试。

金汉成：不错，您的＿＿＿＿＿＿！多少钱？

师　傅：一共14块。

课文(二)

1. 听后口头回答问题

2. 填空

情景：大内的照相机坏了，她去照相机修理部修理照相机。

大内：师傅，这相机的快门按不动了，您看＿＿＿＿＿＿＿？

师傅：拿过来。是里边的问题，得放在这儿。

大内：这架照相机是新买的，没用几次就坏了，质量也太差了。

师傅：这是名牌相机，质量不错。你________________？

大内：没有啊。我想想。

师傅：你什么时候发现坏了？

大内：昨天我朋友从东京来，让我陪他去长城。在长城上______________摔倒，旅行包撞在墙上了。

师傅：相机是不是在旅行包里？

大内：对，是在包里。

师傅：这就对了。不是相机的质量问题，是________________问题。

大内：昨天真是倒霉透了。我们好容易爬上了长城，想照张相吧，可相机又坏了，你说气人不气人？

师傅：别生气！照相机坏了可以修理，气坏了身体就麻烦了。

大内：可也是，身体比照相机重要。师傅，要修很长时间吗？

师傅：估计问题不大，换几个零件就行了，你________________吧。拿好这张修理单。

大内：大概多少钱？

师傅：不贵，_________________够了。

课文(三)

1. 听后口头回答问题

2. 填空

情景：宿舍的卫生间出了些问题，玛丽去服务台找服务员。

玛　丽：小姐，我房间的______________好几样东西都坏了，能不能找人修理一下？

服务员：都什么坏了？

玛　丽：马桶有点儿漏水，洗澡的喷头不出水，地漏也堵了。

服务员：哎哟，______________的！你干什么来着？

玛　丽：星期六我过生日，好多朋友来我房间玩儿。他们走了，我一看，坏了，都坏了！

服务员：我记一下，马桶，喷头，地漏。洗脸池没问题吧？

玛　丽：噢，对了，洗脸池的水龙头开得稍微大一点儿，就出怪声。

服务员：好吧，我这就帮你联系一下。你的房间是______________，电话号码是——

玛　丽：________________。

服务员：你什么时候在房间？

玛　丽：今天下午都在，最好今天下午来。

服务员：行，他们来了我通知你。

课文(四)

1. 听后口头回答问题

2. 填空

情景：山本在钟表修理部修闹钟。

山本：师傅，您帮我看看这个闹钟。

师傅：怎么了？

山本：这段时间走得一天比一天慢，开始的时候一天慢____________，现在已经慢____________了，闹铃也不响了。

师傅：可能是电池没电了，换个电池吧。

山本：这个电池我换的时间不长，____________就没电了？

师傅：是吗？我试试。对，不是电池的毛病。放在这儿吧，三天以后来取，拿好这张单子。

山本：还有，我这＿＿＿＿＿＿该换电池了，帮我换一个吧。

师傅：这是纽扣电池，要进口的还是国产的?

山本：哪种的好?

师傅：差不多，进口的比国产的贵。

山本：要进口的吧。您刚才说什么来着?什么电池?

师傅：这叫纽扣电池。你看看，它的样子是不是和你衣服上的扣子差不多?

山本：是挺像的。您这儿的表带＿＿＿＿＿＿。

师傅：你的表带也该换了，换条新的吧。

山本：行，来一条这样的吧。多少钱?

师傅：电池和表带一共＿＿＿＿＿＿。修闹钟的钱取的时候再付。

课文(五)

1. 听后口头回答问题

2. 填空

情景：山本的洗衣机坏了，他给商场打电话。

山　本：您好!

售货员：您好!您找谁?

山　本：是这么回事，＿＿＿＿＿＿我在你们商场买了一台小天鹅牌洗衣机，用着一直很好，可是昨天洗着洗着忽然坏了。

售货员：什么毛病?

山　本：到甩干的时候就不转了。

售货员：别着急，小天鹅洗衣机＿＿＿＿＿＿。你不是有一张保修卡吗?

山　本：有啊。不过我忘了放在哪儿了，我得找找。

售货员：找到以后你按上面的电话号码给修理部打个电话，他们马上就会派人来修。

山　本：是吗?那太好了!不过，上门修理是不是要花很多钱?

售货员：不用，保修期内________。

山　本：太谢谢您了。

售货员：不用谢。下次洗衣机出了毛病，直接跟修理部联系就行了。

山　本：我希望________。

三　听后练习

简述上面5段课文的内容

四　泛听练习

（一）修鞋

听后判别正误

（1）　（2）　（3）　（4）　（5）　（6）

（二）织补衣服

听后选择正确答案

（1）A　B　C　D

（2）A　B　C　D

（三）修理汽车

听后判别正误

（1）　（2）　（3）　（4）　（5）　（6）

第七课

Nǐ chīguo nǎxiē fēngwèi xiǎochī?

你吃过哪些风味小吃？

New Words 生词

1. 削	（动）	xiāo	to pare with a knife， to peel with a knife
2. 薄	（形）	báo	thin
3. 原料	（名）	yuánliào	raw materials
4. 驴	（名）	lǘ	donkey， ass
5. 烫	（形）	tàng	boiling hot
6. 理	（动）	lǐ	to pay attention to， to show interest in
7. 省会	（名）	shěnghuì	provincial capital
8. 制作	（动）	zhìzuò	to make, to manufacture
9. 精美	（形）	jīngměi	exquisite, elegant
10. 玉	（名）	yù	jade
11. 碎	（形、动）	suì	broken, fragmentary
12. 集中	（动）	jízhōng	to amass, to put together
13. 群众	（名）	qúnzhòng	the masses
14. 改革	（动、名）	gǎigé	to reform
15. 开放	（动）	kāifàng	to be open, to open to the outside world
16. 吸收	（动）	xīshōu	to absorb, to assimilate

一　听前练习

（一）词语练习

1. 听句子挑出生词

2. 听和模仿短语

（二）句子练习

1. 听句子，选择正确答案

（1）A	B	C
（2）A	B	C
（3）A	B	C
（4）A	B	C
（5）A	B	C
（6）A	B	C
（7）A	B	C
（8）A	B	C
（9）A	B	C
（10）A	B	C

2. 听句子，用老师给的词语做替换练习

（1）嘿，那个味道，别提多香了。

（2）广东人有吃早茶的习惯。

（3）那时我已经饿坏了，一口就是一个包子。

（4）他到一家饭馆学做包子，他学得很刻苦，每天早起晚睡。

（5）今天我请你们尝尝北京的风味小吃好不好？

（6）下个月我们班的同学要去西安玩儿，那里是陕西的省会，一定有很多好吃的东西值得尝一尝。

二 听时练习

课文(一)

1. 听后口头回答问题

2. 填空

情景：山本正从外地旅行回来，同学们来到他的房间。山本请大家看他在旅行时照的照片，介绍各地的风味小吃。

山本：你们先看看这些照片，我给你们削苹果吃。

艾米：还是我来吧。山本，你削苹果的样子怎么跟照片上的这位师傅做面条一样？

山本：这就是__________有名的刀削面。这位老师傅的技术，真是太棒了。你们看，他左手拿面，右手拿刀，一下接着一下，刀不离面，面不离刀，削出的面条又薄又长。面条熟了以后，放点儿肉汤，再加点儿山西的老陈醋。嘿，那个味道，__________。

大内：噢，我想起来了，上次我们去__________的时候，好像吃过这样的面条，味道是不错。现在看了照片才知道为什么叫刀削面。

山本：根据我的研究，中国风味食品的名称常常是跟小吃的____________________有关。你们看，这是山西的另一种有名的食品，它的样子像不像猫的耳朵？

大内：像极了，我猜它的名字就叫猫耳朵。

山本：没错儿。

艾米：我知道了，__________小吃里有糖耳朵，它是用糖和面做的，样子像人的耳朵；还有一种小吃叫驴打滚儿，它的做法好像驴在打滚儿一样。

山本：是啊，现在你觉得这些奇怪的名字容易理解了吧？

课文（二）

1. 听后口头回答问题

2. 填空

情景：同学们一边看照片一边谈论包子。

大内：山本，这种包子是不是不好吃？看你吃包子的样子那么痛苦。

山本：哪儿啊？这是__________最有名的南翔小笼包。我们11点去那儿吃午饭，没想到已经排了很长的队了，差不多又等了______________才吃上。那时我已经饿坏了，一口就是一个包子。谁知道包子里除了肉以外还有不少汤，那汤好烫啊。

三木：还好，那时我正在给山本照相。旁边的一个__________知道我们是第一次吃，就告诉我应该先咬一小口，然后把里面的汤喝了，最后慢慢吃包子。说实话，我觉得这是我吃过的最好吃的包子。

山本：我倒觉得__________的狗不理包子最好吃。

大内：我可不吃狗肉。

山本：狗不理包子跟狗肉没有关系，而是跟做包子的人有关系。

大内：为什么叫这么奇怪的名字？

山本：传说在清朝的时候，天津附近住着一个少年。这个孩子的脾气特别坏，爸爸、妈妈对他没有办法。有一次他妈妈对他说："你这种坏脾气呀，真是__________。"意思是脾气坏得连狗都不愿意理他。狗不理的名字就这样叫开了。后来，这个少年到天津的一家饭馆学__________。他学得很刻苦，每天早起晚睡，师傅很喜欢他，就把做包子的手艺都教给了他。他的技术越来越高，吃他包子的人也越来越多了。几年以后，他有了很多钱，自己__________。因为人们习惯叫他狗不理，所以把他做的包子叫狗不理包子。

大内：是吗？我一定去尝一尝。

课文（三）

1. 听后口头回答问题

2. 填空

情景：同学们谈论面条。

贝拉：山本，你在北京还没吃够牛肉拉面吗？还跑到__________那么远的地方去吃？

山本：我们是去嘉峪关玩儿的时候顺路去的。不过，真正的牛肉拉面你只有在__________才能尝到。

三木：你们一定不相信，我们下午5点到的这家饭馆，已经关门了。

大内：怎么回事？去吃面条的人太少了？

三木：哪儿啊，这家饭馆有个规定，每天只做__________袋面粉的拉面。每袋是__________斤。这些面条卖完了，饭馆就关门。所以为了吃拉面，第二天中午我们就去了。这里的拉面味道确实跟北京的不一样。

贝拉：我喜欢吃意大利面条，不爱吃__________的面条。

山本：这好说，__________的炸酱面、__________的凉面都没有汤。听说方老师的爱人做的面条特别好吃，吃了一碗还想吃第二碗。哪天我们去方老师家，请他的爱人给咱们做炸酱面吃。贝拉，炸酱面好吃，好做，又好学，你可以学一学。

三木：那太好了，贝拉学好以后给我们做。

贝拉：我做的面条也会让你们吃了一碗还想吃第二碗。

课文（四）

1. 听后介绍一下饺子宴

2. 填空

情景：同学们谈论陕西的风味食品。

安娜：山本，下个月我们班的同学要去____________玩儿，那是陕西的省会，一定有很多好吃的东西值得尝一尝。

山本：你先看看这张照片。

安娜：我看不出来。这么多东西，是什么？

山本：这是饺子宴，这些都是饺子，一共____________种。样子各不相同，里面的馅儿也不一样。

安娜：啊，真的，没有别的，都是饺子。这么精美，真像用玉制作的。

山本：不但好看，而且好吃。

安娜：这么多种，一样尝一个，就吃饱了。

山本：可不是，你们女同学肯定吃不了。

安娜：除了饺子宴还有什么？

山本：你看，这是羊肉泡馍，也是有____________的风味食品。

安娜：你们干吗把饼掰碎？

山本：这不叫饼，陕西人叫馍。吃的时候自己用手把馍掰碎，然后服务员给你加上羊肉汤，就可以吃了。

安娜：要是不喜欢吃羊肉怎么办？

山本：没关系，还有____________泡馍。

课文(五)

1. 听后口头回答问题

2. 听后根据课文的内容连线

春节	吃元宵
元宵节	吃粽子
中秋节	吃饺子
端午节	吃月饼

3. 填空

情景：他们从外地的小吃谈到北京的小吃。

艾米：山本，我们说了半天外地的小吃，虽然好吃，可是现在吃不上，还是说说咱们今天晚上吃什么吧。

山本：好，今天我请你们尝尝____________小吃好不好？

大内：我同意。听说北京的风味小吃集中了全国各地小吃的特点，也讲究色、香、味、形，既好吃又好看。

山本：对，北京小吃有好几百年的历史了，种类也很多，常见的就有____________种，干的、稀的、甜的、咸的、凉的、热的，可以任意挑选。

艾米：元宵节吃的元宵，端午节吃的粽子也是小吃吧？

山本：是。小吃还跟____________有关系。元宵节前后每个小吃店都增加了元宵的品种，端午节前后每个小吃店都卖各种各样的粽子，满足群众的需要。

大内：别说了，咱们快走吧。

艾米：上哪儿去？

山本：你们跟我走，咱们上____________去。

三 听后练习

（一）根据课文的内容连线（食品的名称和什么有关系？）

刀削面	原料和形状
猫耳朵	做法
糖耳朵	师傅的名字
狗不理包子	形状

（二）根据课文的内容连线（南翔小笼包的吃法）

先	把里面的汤喝了
然后	慢慢吃包子
最后	咬一小口

（三）判断正误

1.	2.	3.	4.
5.	6.	7.	8.

（三）口头回答：下面哪个句子跟北京小吃没有关系

1.	2.	3.	4.
5.	6.	7.	8.

四　泛听练习

（一）广东早茶

听后判别正误

（1）　（2）　（3）　（4）　（5）

（二）小鸡出生以前叫什么

听后口头回答问题

（三）明天吃饭不要钱

听后选择正确答案

（1）A　　B　　C　　D

（2）A　　B　　C　　D

（四）洋快餐

听后选择正确答案

（1）A　　B　　C

（2）A　　B　　C　　D

（3）A　　B　　C

第八课

Nǐ de míngzi shì shénme yìsi?

你的名字是什么意思?

New Words 生词

1. 译音	（名）	yìyīn	transliteration
2. 姓氏	（名）	xìngshì	surname
3. 繁多	（形）	fánduō	various
4. 发达	（形）	fādá	developed
5. 崇拜	（动）	chóngbài	to worship
6. 遍地	（名）	biàndì	everywhere, all over
7. 兰花	（名）	lánhuā	cymbidium, orchid
8. 莲	（名）	lián	lotus
9. 菊	（名）	jú	chrysanthemum
10. 梅	（名）	méi	plum
11. 观念	（名）	guānniàn	idea, concept
12. 符号	（名）	fúhào	symbol
13. 流行	（动、形）	liúxíng	popular
14. 地质	（名）	dìzhì	geology
15. 涂改	（动）	túgǎi	to alter
16. 响亮	（形）	xiǎngliàng	loud and clear, resounding
17. 判断	（动、名）	pànduàn	to judge, to decide
18. 职务	（名）	zhíwù	post, duty
19. 职称	（名）	zhíchēng	professional title

一　听前练习

（一）词语练习

1. 听句子挑出生词

2. 听句子，根据句意猜老师指出的词语的意思

（二）句子练习

1. 听句子，口头回答问题

2. 听句子，判别正误

（1）　（2）　（3）　（4）　（5）　（6）

二　听时练习

课文（一）

1. 听后选择正确答案

A　B　C　D

2. 听后口头回答问题

3. 填空

情景：课间休息的时候，金汉成向方老师请教有关中国人的姓和名的一些问题。

金汉成：方老师，听说中国古代有一本书叫《__________》，排在前面的姓是赵、钱、孙、李，是不是那时候姓这几个姓的人很多？还有，《__________》真的只有一百个姓吗？

方　龙：《百家姓》的“百”是多的意思，书里面收了单姓和复姓一共

　　　　　______。这本书是宋朝一个姓钱的人写的。因为宋朝的皇帝姓赵，所以赵______。明朝的一个人写了一本《千家姓》，因为皇帝姓朱，朱就排在第一了。

金汉成：我知道了，姓钱的人写了这本书，所以钱就排在第二。

方　龙：这是一种传说。还有一种说法：当时一些重要的人姓钱、姓孙、姓李，所以钱、孙、李就排在______。

金汉成：您刚才提到的复姓都是两个字吗？

方　龙：两个字的多，但也有三个字的、四个字的，其中有一些是少数民族语言的译音。

金汉成：那么多的姓是怎么来的呢？是不是跟中国的______有关系？

方　龙：中国的姓氏繁多，正是历史和文化发达的象征。古代的中国人崇拜动物，所以就有以动物为姓的，比如牛、马、羊、熊、龙等等；也有以国家为姓氏的，比如赵、周、鲁、夏等等；还有以官名为姓的，比如司马、司徒。

课文(二)

1. 听后选择正确答案

A　　B　　C　　D

2. 听后口头回答问题

3. 填空

情景：方老师和山本讨论有关中国人的姓氏的一些问题。

山本：方老师，我常听中国人说："张王李赵遍地流（刘）"，是不是姓张的人最多？

方龙：不是的，根据最新的统计和研究，中国有______民族，姓氏有______，单姓______多个，两个字的复姓______

______多个，三到九个字的姓有____________多个，其中姓李的人口超过了____________。

山本：这么说，李是世界第一大姓了。那，排在李后面的姓是什么？

方龙：我记得排在前10位的是李、王、张、刘、陈、赵、黄、周、吴和郑。

山本：是吗？姓黄的有那么多吗？

方龙：这是统计出来的，应该没有问题。____________姓李、王、张、刘的人多；____________姓陈、赵、黄的多。

山本：对了，方老师，有些姓的____________跟平时我们念的不一样。了解的“解”字，在姓氏里不读jiě，而读xiè；检查的“查”字，在姓氏里读zhā，不读chá；还有中华的“华”，在姓氏里读huà，不读huá。

方龙：你说得对，这些汉字在姓氏里跟平时的读法不一样。姓氏的读音是从古代传下来的。从古到今，汉字的发音____________，这些姓氏的读音正好可以帮助我们了解很多汉字古时候的发音。

课文(三)

1. 听后选择正确答案

A　　B　　C　　D

2. 听后口头回答问题

3. 填空

情景：晚上艾米和大内来到丁兰的宿舍玩儿，她们谈中国人的名字的话题。

大内：丁兰，你父母给你起这个名字，是因为他们很喜欢____________吧？

丁兰：猜得不错，还有一个原因，我是____________出生的，正是____________开花的时候。你怎么突然想到这个问题？

大内：这两天上课学的、下课谈的都是中国人的姓名问题，所以我想到你的名字。

艾米：听你这么一说，我知道了，从名字可以知道他是什么时候出生的。比如，叫“莲”的是__________出生的，叫“菊”的是__________出生的，叫“梅”的是__________出生的。

丁兰：艾米真聪明。你说的是女人的名字，男的常常直接叫春生、秋生、什么的。

大内：我发现很多人的名字反映了__________，李建国、陈文革、孙亚运，一听就知道是什么时候出生的。我很想知道现在中国人起名字有没有新的变化。

丁兰：怎么说呢？每个人的名字各有特色。但是大都能反映出起名字的人的__________和思想道德观念，同时也反映出父母对孩子的__________。比如“健康”、“幸福”什么的，都用一些好听的词。没有人叫“张有病”、“王要死”的。要说变化当然有，比如过去常用“有财”、“来福”这样一些词起名字，现在这样的名字很少见了。这也反映出了人们思想观念的__________。

课文(四)

1. 听后选择正确答案

A　　B　　C　　D

2. 听后口头回答问题

3. 填空

情景：丁兰、大内、艾米继续谈中国人起名字的话题。

艾米：我听说还有一个变化，女孩子的名字很少用“花”、“草”、“香”、“秀”了，也用“军”、“伟”、“国”、“平”什么的，跟男孩子的名字__________。

丁兰：对，现在男孩子女孩子的名字都差不多，很难从名字看出________
________。

大内：我觉得这样不太好。还是能从名字看出是男是女比较好。

丁兰：我倒觉得这样没有关系。名字只是一个人的符号，叫什么都可以。但是，以前起名字多用两个字，现在用________的越来越多了。

大内：这样叫起来是不是很方便、写起来也容易？

丁兰：可是同名的人太多，带来很大的________。

艾米：什么社会问题？

丁兰：你想啊，在一个单位里，有四个叫王丽的。要是有人说王丽星期天结婚，你去哪个王丽家参加婚礼？

艾米：是挺麻烦的。我们国家也有这样的问题。女的叫玛丽、安娜、珍妮的特别多，男的叫彼得、约翰、乔治的特别多。常常________别人说的是哪个人。

课文（五）

1. 听后选择正确答案

A　　　B　　　C　　　D

2. 听后口头回答问题

3. 填空

情景：丁兰、大内、艾米正在谈话，有人敲门，丁兰连忙去开门。

来人：请问，张颖住在这儿吗？

丁兰：你找哪个张颖？是大张颖还是小张颖？

来人：我也不清楚。噢，她身高大约________，短头发。

丁兰：你找的是小张颖。她住________房间。

来人：谢谢你！

丁兰：不用客气。

大内：刚才你们说大张颖小张颖，这是怎么回事？

丁兰：这就是刚才我说的，同名带来的麻烦。我们系有两个叫张颖的女同学，她们都是天津人。年纪大的叫大张颖，年纪小的叫小张颖。

艾米：这种叫法不错。不是把她们区别开了吗？

丁兰：听大张颖说，天津叫张颖的特别多，而且越来越多。1955年有__________张颖，1972年有__________张颖，现在有________叫张颖的了。叫张力、张健、张英的也超过了______________。你说要是在天津找一个叫张颖的人难不难？

大内：是啊，大张颖、小张颖、高张颖、矮张颖、胖张颖、瘦张颖，还是区别不开。

丁兰：这还不如直接叫三个字呢。

三 听后练习

（一）快速口头回答问题

（二）根据课文内容想一想：从下列人名你能了解到一些什么信息？

王沪生、张京生、汤六一、孙国庆、张雨生、李雪

四 泛听练习

（一）名字的笑话

1. 听后判别正误

（1）　　（2）　　（3）　　（4）　　（5）

2. 听后口头回答问题

（二）李四光

听后判别正误

（1）　（2）　（3）　（4）　（5）　（6）　（7）

（三）中国人的姓

听后判别正误

（1）　（2）　（3）　（4）　（5）　（6）　（7）

（四）怎样判断人名

根据课文中介绍的方法，判别下列句中哪个生词是人名并把各个人名写出来（只写拼音）

（1）　（2）

（3）　（4）

（5）　（6）

（7）　（8）

（9）　（10）

（11）　（12）

（13）　（14）

（15）

第九课

Zhè chá wèidào zěnmeyàng?

这茶味道怎么样？

New Words 生词

1. 去世	（动）	qùshì	to die, to pass away
2. 旗袍	（名）	qípáo	an all-purpose long gown worn by women, cheongsam
3. 可惜	（副、形）	kěxī	it's a pity, unfortunately
4. 勇敢	（形）	yǒnggǎn	brave, courageous
5. 葵花	（名）	kuíhuā	sunflower
6. 配	（动）	pèi	to match
7. 高超	（形）	gāochāo	superb, excellent
8. 打猎		dǎ liè	to go hunting
9. 侍从	（名）	shìcóng	retinue, suite
10. 舀	（动）	yǎo	to ladle out, to spoon up
11. 交往	（动）	jiāowǎng	to contact, to associate
12. 泡	（动）	pào	to steep, to soak
13. 柴	（名）	chái	firewood
14. 形式	（名）	xíngshì	form
15. 结合	（动）	jiéhé	to combine, to unite
16. 幽雅	（形）	yōuyǎ	quiet and tastefully laid out

一　听前练习

（一）词语练习

1. 听句子挑出生词

2. 根据听到的短语连线

一件	孩子
环境	交往
勇敢的	旗袍
高超的	形式
社会	结合
艺术	幽雅
互相	技艺
去世	可惜
非常	以后

（二）句子练习

1. 说说下列俗语的意思

2. 听句子，口头回答问题

二　听时练习

课文(一)

1. 听后口头回答问题

2. 填空

情景：方云天和艾米来到前门老舍茶馆。

方云天：到了，你认识这儿吧？

艾　米：这不是前门吗？

方云天：你看前边……

艾　米：老舍茶馆。我们刚刚学了《去茶馆学汉语》，今天就来________________了。

方云天：咱们进去吧。

艾　米：好。我早就听说前门有个老舍茶馆，今天是第一次来。

方云天：我来过__________，都是陪别人来的。

艾　米：我看过老舍先生写的话剧《茶馆》，这个茶馆跟老舍先生有关系吗？

方云天：要说有关系也有关系，要说没关系也没关系。

艾　米：什么意思？

方云天：要说有关系嘛，老舍先生的《茶馆》在中国太有名了，中国人一说起茶馆就想起老舍，一说起老舍就想起茶馆。老舍和茶馆已经__________了。

艾　米：那怎么又说没关系呢？

方云天：你想啊，老舍先生早就去世了，这个茶馆的老板能是老舍吗？这个茶馆是一位姓尹的先生开的，他热爱老舍先生，也非常喜欢京剧。你看这照片，这位就是尹先生。

艾　米：这些小姐都穿着花旗袍，真漂亮。

方云天：咱们先喝茶，吃点儿点心，一会儿__________。

艾　米：今天来这儿的人真多。

方云天：这里已经成了北京一处新的名胜，每天有很多中外游客到这儿来。对了，要是有时间，你可以常来坐坐，一定会更多地了解北京的民俗，＿＿＿＿＿＿。

艾　米：没错儿，可惜这儿离学校太远了。

课文(二)

1. 听后口头回答问题

2. 填空

情景：方云天和艾米一边喝茶一边看表演。

艾　米：今天晚上都有什么节目？

方云天：京剧、＿＿＿＿＿＿、曲艺。

艾　米：什么是曲艺？

方云天：曲艺是说和唱的＿＿＿＿＿＿。你知道相声吧？相声就是曲艺的一种。

艾　米：曲艺还有别的吗？

方云天：有，一会儿你就看到了。

艾　米：先演什么？

方云天：京剧。你喜欢看京剧吗？

艾　米：喜欢，我看过好几回京剧了。

方云天：开演了。这个节目是《四郎探母》，你听得懂吗？

艾　米：听不懂。可是我看他们＿＿＿＿＿＿特别好看，＿＿＿＿＿＿也非常好听，所以我很喜欢看。

方云天：来，喝茶。这茶味道怎么样？

艾　米：我不太懂茶。我们班的金汉成是饮茶专家，他对茶很有研究。不过，我觉得这茶味道不错。是茉莉花茶吗？

方云天：是。＿＿＿＿＿＿爱喝花茶，特别是茉莉花茶。这味道多香！

课文(三)

1. 听后口头回答问题

2. 填空

情景：方云天和艾米正在谈话，旁边的一位老人也跟他们聊了起来。

老　人：姑娘，你是哪国人？

艾　米：美国人。

老　人：你也有喝茶的习惯？

艾　米：人家都说东方人喝茶，西方人喝咖啡，可是我＿＿＿＿＿＿＿＿，我喜欢喝茶。在家里我们喝红茶，来中国以后我喜欢喝＿＿＿＿＿＿＿＿了。

方云天：这叫入乡随俗。

艾　米：对，是入乡随俗。

老　人：你汉语说得真不错。学多长时间了？

艾　米：＿＿＿＿＿＿＿＿。

老　人：是吗？两个多月说得这么好？你是在哪儿学的？

艾　米：北京语言大学汉语速成学院，是我们老师教得好。

方云天：艾米，这就是曲艺，这叫京东大鼓。好听吗？

艾　米：好听，好听！我以前没听过。他唱的是不是＿＿＿＿＿＿＿＿？

老　人：是啊。他唱的都是真人真事。

方云天：你的听力真不错，能听出来他唱的是＿＿＿＿＿＿＿＿，不简单！

课文(四)

1. 听后口头回答问题

2. 填空

情景：方云天、艾米和老人继续聊天儿。

方云天：刚才那个节目是杂技，你一定喜欢看。

艾　米：那个小演员表演得最精彩，那些动作都很难。听，主持人说＿＿＿＿＿＿＿＿上台表演。云天，你上去唱一段。

方云天：不行，不行！我没有我爸爸唱得好。

艾　米：我听过方老师唱，每次表演节目，方老师的京剧＿＿＿＿＿＿。

老　人：我来唱一段。（老人走上台）

艾　米：这位老先生挺有意思，他比你勇敢。

方云天：他唱的是《借东风》，三国演义里的故事。咱们一边吃一边听。来，吃这小点心。

艾　米：你吃吧，我不爱吃甜的。这是什么？

方云天：瓜子，这是西瓜子，这是葵花子，尝尝。老大爷唱完了，他的＿＿＿＿＿＿！

艾　米：（鼓掌）好，好！老大爷，您以前学过京剧吗？

老　人：没专门学过，我是跟着录音学的，一边听一边唱，听得多了，就会唱了。

艾　米：这跟我们学习汉语一样，＿＿＿＿＿＿，就会说了。老大爷，这里您常来吧？

老　人：常来。我喜欢来这儿喝茶，听京剧，有机会还能唱上一段。

方云天：我喜欢去音乐茶座，一边喝着茶，吃着点心，一边听音乐，或是唱唱卡拉OK，也很有意思。

艾　米：听说南方音乐茶座很多，北方也有吗？

老　人：有。不过那是年轻人去的地方，我一听＿＿＿＿＿＿就头疼。

课文(五)

1. 听后口头回答问题

2. 填空

中国人喜欢喝茶，有的人喜欢在家里喝，有的人喜欢去茶馆喝。茶馆在汉语里就有好几种不同的说法。有的地方叫茶室，有的地方叫茶铺，有的地方叫茶楼，还有的地方叫茶社、茶园、茶座。下面我来介绍一下____________茶室和____________茶铺。

杭州人管茶馆叫茶室。杭州的美景特别多，差不多每一处美景都有一个茶室。很多茶室以景命名。比如美丽的西湖十景，就有柳浪闻莺茶室、花港观鱼茶室、平湖秋月茶室等等。这里不仅环境很好，而且名茶配名水。用虎跑泉的水沏一杯上好的龙井，既看__________又饮__________，真是人生一大享受。

有人说："天下茶馆在中国，中国茶馆在成都。"跟四川人在一起，常听他们说："走，坐茶铺子去！"四川人管茶馆叫茶铺。四川茶铺有什么特点呢？每个茶铺都有几位技艺高超的"茶博士"。这些茶博士手拿长嘴大茶壶，从很远的地方往茶杯里倒水，水都倒在茶杯里，一点儿也洒不到外边。看他们倒水就跟____________。

三 听后练习

(一) 听短文，然后说出这个短文跟课文(一)至课文(四)有什么异同

(二) 用"茶"组成短语，按座位轮流，每人说一个，说不出来被淘汰。谁说得最多谁赢

四 泛听练习

(一)喝茶是怎么开始的?

听后选择正确答案

A　　B　　C　　D

(二)喝茶的好处

听后选择正确答案

(1) A　　B　　C　　D

(2) A　　B　　C　　D

(3) A　　B　　C　　D　　E

(三)茶艺馆

听后选择正确答案

A　　B　　C　　D

第十课

Nǐmen bànlǐ lǚxíng yèwù ma?

你们办理旅行业务吗？

New Words 生词

1. 扩大	（动）	kuòdà	to enlarge, to expand
2. 政治	（名）	zhèngzhì	political
3. 园林	（名）	yuánlín	tree garden, landscape garden
4. 寺庙	（名）	sìmiào	temple
5. 避暑		bì shǔ	to be away for the summer holiday, to spend a holiday at a summer resort
6. 景观	（名）	jǐngguān	view, landscape
7. 丝绸	（名）	sīchóu	silk
8. 石碑	（名）	shíbēi	stone tablet, stele
9. 博物馆	（名）	bówùguǎn	museum
10. 遗址	（名）	yízhǐ	ruins, relics
11. 祭祀	（动）	jìsì	to offer sacrifices to gods or ancestors
12. 崇高	（形）	chónggāo	lofty, sublime
13. 墓地	（名）	mùdì	graveyard, burial ground
14. 种子	（名）	zhǒngzi	seed
15. 意外	（形）	yìwài	unexpected, unforeseen
16. 残留	（动）	cánliú	to remain, to be left over

17. 收藏	（动）	shōucáng	to collect, to store
18. 文物	（名）	wénwù	cultural relic, historical relic
19. 宝库	（名）	bǎokù	treasure-house
20. 入侵	（动）	rùqīn	to invade, to intrude

一　听前练习

（一）词语练习

1. 听句子挑出生词
2. 听句子，根据句意猜老师指出的词语的意思

（二）句子练习

1. 听句子，口头回答问题
2. 听句子，从下面A、B两句中选择恰当的下句

（1）A　　B
（2）A　　B
（3）A　　B
（4）A　　B
（5）A　　B
（6）A　　B
（7）A　　B
（8）A　　B
（9）A　　B
（10）A　　B

二 听时练习

课文(一)

1. 听后判别正误

(1)　　(2)　　(3)　　(4)　　(5)

(6)　　(7)　　(8)　　(9)　　(10)

2. 填空

情景：这个周末，速成学院办公室组织学生去承德旅行。去以前，办公室的王老师正在向学生们介绍承德的情况。

王老师：同学们，这个周末我们要去承德旅行，现在我来介绍一下承德的情况。承德在河北省的东北部，离北京__________公里，是我国北方一个很有名的旅游城市。

金汉成：王老师，承德是什么时候修建的？听说它的历史不太长。

王老师：不能那么说，承德这个城市很早就有了。历史上一直有很多不同民族的人在那儿居住。清朝政府为了加强同蒙古和其他少数民族的联系，修建并且扩大了这个城市，使它成为当时除了北京以外最重要的__________。

贝　拉：老师，去承德有什么好玩儿的？

王老师：承德有很多名胜古迹，承德的三大景观是________、________和________。它以避暑山庄和外八庙而闻名。

金汉成：对，我听说过，避暑山庄是中国著名的皇家园林之一。

王老师：夏天天气热的时候，皇帝就离开北京去那里避暑。山庄里边青山绿水，花树楼台，既有北方山水的特点，又有南方园林的特色。

贝　拉：你刚才说还有外八庙，我听说承德也叫寺庙之城，是不是？

王老师：那儿有大小寺庙100多座，其中以外八庙最有名。它既有汉族建筑的特点，又有藏族建筑的特点。承德周围有很多山，每一座山都有________________。

金汉成：看了美景，游了古迹，听了故事，贝拉，你别忘了来一杯承德的杏仁露露，喝了以后，你就更漂亮了。

课文(二)

1. 听后判别正误

(1)　　(2)　　(3)　　(4)　　(5)　　(6)

2. 填空

情景：金汉成刚从洛阳旅行回来，在路上遇见大内。

大　内：金汉成，你这是去哪儿了？

金汉成：我去洛阳了，刚回来。你去过那儿吗?

大　内：还没有呢，你能给我介绍介绍那儿的情况吗?

金汉成：洛阳在河南省西部，历史上很多朝代都把那儿作为都城。洛阳的非常有名，有人说："洛阳牡丹甲天下。"每年__________，洛阳城里各种颜色的牡丹一齐开放，全国各地有很多人去那儿看花。

大　内：噢，我听说过关于牡丹的故事，说的就是洛阳。中国历史上第一个女皇帝武则天，有一次专门去洛阳看牡丹花。可是有的牡丹花没开，她就生气了，要求牡丹仙子让所有的牡丹花____________。第二天，所有的花真的都开了。

金汉成：我在洛阳也听说过这个故事。不过，到了洛阳，最应该去的地方还是龙门石窟。它和大同的云冈石窟、敦煌的莫高窟是中国著名的三大石窟。龙门石窟在洛阳市南边13公里的龙门山上，南北长有＿＿＿＿＿＿，整座山一共有＿＿＿＿＿＿多个佛像。石窟中最美的部分是飞天像，仙女们手拿花果，飞在云间。这使我又想起了嫦娥。

大　内：想让嫦娥辅导你＿＿＿＿＿＿，是吧。

课文(三)

1. 听后判别正误

（1）　（2）　（3）　（4）　（5）　（6）

2. 填空

情景：山本、大内、艾米想去西安旅行。山本找到一家旅行社。旅行社的小姐给他们介绍西安的情况。

山本：请问，你们这儿办理旅行业务吗？

小姐：你想去什么地方？

山本：西安。听说西安有＿＿＿＿＿＿＿＿，您能给我们介绍介绍吗？

小姐：当然可以。西安是陕西省省会，历史上曾经是＿＿＿＿＿＿＿朝代的都城，所以名胜古迹很多。

艾米：如果跟你们旅行社去，都可以去什么地方？

小姐：首先，会带你们去游览骊山。山下的＿＿＿＿＿＿＿非常有名，传说，唐代的杨贵妃在那儿洗过澡。那儿青山绿水，风景优美。

大内：我很喜欢中国书法，去不去＿＿＿＿＿＿＿＿参观？

小姐：去。西安的碑林非常有名，那儿展出了从汉代到清代的1000多块石碑。除了去碑林以外，我们还会组织你们参观秦始皇＿＿＿＿＿＿＿＿＿博物馆和半坡遗址，游览大雁塔和小雁塔。

山本：什么时候出发？我现在可以办手续吗？

课文(四)

1. 听后判别正误

(1)　　(2)　　(3)　　(4)　　(5)

(6)　　(7)　　(8)　　(9)

2. 填空

情景：同学们从山东旅行回来，介绍旅行的情况。

艾米：我们这次去山东旅行，先到曲阜参观孔府。曲阜是春秋时期鲁国的都城，是一座历史文化名城。这里是____________，所以有很多名胜古迹。旅行社安排我们住在孔府。听说住在孔府，我以为孔府是孔子住过的地方，其实孔子没在这里住过。孔府是孔子后代住的地方，孔子死了以后才修建的。孔府的大门又高又大，里边的房子又高又多，后边有一个____________的花园。

大内：孔庙在孔府的西边，是各个朝代祭祀孔子的地方。里边最重要的建筑是大成殿，大成殿有点儿像故宫的太和殿。在大成殿里边正中间有四个大字“至圣先师”，意思是孔子是中国____________最崇高的老师。大成殿前边有一个杏坛，传说是孔子给他的学生上课的地方。那儿有一棵树，导游小姐告诉我们是孔子亲手种的。

贝拉：从孔庙出来，我们去参观孔林。孔林在曲阜城北一公里的地方，是孔子和他的后代的墓地。这里有很多石碑和大树。一位游人告诉我们，这儿的古树有____________，____________多棵，是孔子的学生从他们的家乡带来种子种在这里的。这些树一年四季都是绿色的。

山本：我们这次去山东，主要是去登泰山。泰山在泰安县城北，山高__________。我们坐汽车一直到中天门，从中天门到山顶一共有

________，有________台阶。我们登了差不多两个小时。泰山被称为“五岳之首”。唐朝诗人杜甫有一句诗：“会当凌绝顶，一览众山小。”意思是登上泰山山顶，看别的山都很小。泰山是一座历史博物馆，每一个地方都有一个故事。一边登泰山一边听介绍，可以学到很多历史文化知识。泰山还是一座________博物馆，在泰山上看日出看云海，非常有意思。很多诗人和画家都来到这里写诗、画画儿。人们在泰山游览，会觉得自己就好像在画中一样。

三 听后练习

根据课文的内容口头回答问题

四 泛听练习

（一）豫　园

听后选择正确答案

A　　B　　C　　D

（二）西　湖

听后选择正确答案

A　　B　　C　　D

（三）圆明园遗址公园

听后选择正确答案

A　　B　　C　　D

Língtīng lǐjiě
聆听理解

zōnghé cèshìjuàn
综合测试卷

第一部分

1. A. 学习结束以后不要去旅行
   B. 学习结束以后去旅行很好
   C. 学习结束以后应该休息
   D. 学习结束以后最好马上回国

2. A. 喝绿茶的人比喝花茶的多
   B. 喝花茶的人比喝绿茶的多
   C. 懂茶的人喜欢喝绿茶
   D. 懂茶的人喜欢喝花茶

3. A. 他们不常在一起谈话
   B. 他们不喜欢在一起谈话
   C. 他们没有机会在一起谈话
   D. 他们没有共同语言

4. A. “我”对他的做法很不满意
   B. “我”希望他好好地说
   C. “我”对他一点儿也不了解
   D. “我”要他别这样做

5. A. “我”觉得妈妈的话很重要
   B. 妈妈常常说一些关心“我”的话
   C. 听了妈妈的话,“我”很放心
   D. 妈妈听了“我”的话,很放心

6. A. “我”没跟他商量过这个问题
   B. 在这个问题上他不肯听“我”的意见
   C. 在这个问题上他肯听“我”的意见
   D. 这个问题我肯听他的意见

7. A. 他现在常常跑步
   B. 他以前常常跑步
   C. 他现在跑得很快
   D. 他以前跑得很快

8. A. 去了一次修理店就修好了
   B. 去了两次修理店修好了
   C. 去了很多次修理店才修好
   D. 电视现在还没修好

9. A. 衣服以前的颜色很好看
   B. 衣服以前的颜色很浅
   C. 衣服以前的颜色很深
   D. 衣服旧了,看不出以前的颜色了

10. A. 她和“我”是姐弟关系
    B. 她对“我”像对自己的弟弟一样好
    C. 她对自己的弟弟非常照顾
    D. 她没有弟弟,把“我”当成了妹妹

11. A. 吴志中
    B. 张大明
    C. 吴志中的叔叔
    D. 张大明的叔叔

12. A. 他很年轻，可很多事都不记得
    B. 他很年轻，很多事都还记得
    C. 他老了，很多事都不记得了
    D. 他老了，很多事都还记得

13. A. 给他家打通电话很容易
B. 给他家打通电话很不容易
C. 打听到他家的电话号码很容易
D. 打听到他家的电话号码很不容易

14. A. 他以前吃过一次烤鸭
B. 他以前吃过很多次烤鸭
C. 他以前从没吃过烤鸭
D. 他以前记得烤鸭不好吃

15. A. 他10年以前是老师
B. 他当过10年农民
C. 他现在是老师
D. 他现在是农民

第二部分

16. A. 什么东西好吃
B. 吃什么东西
C. 去哪儿玩
D. 去哪儿吃饭

17. A. 那个房间非常好
B. 那个房间还可以
C. 那个房间他们看过
D. 那个房间他们想过去看看

18. A. 40岁
B. 39岁
C. 30岁
D. 29岁

19. A. 皮鞋是小张的爱人在北京买的
B. 皮鞋是小张的爱人在广州买的
C. 皮鞋是小张在北京买的
D. 皮鞋是小张在广州买的

20. A. 山田在一家公司工作
B. 山田后年还来学习
C. 山田决定马上回国
D. 山田回国以后要找工作

21. A. 上夜班了
B. 夜里睡不着觉
C. 夜里看书了
D. 身体不好

22. A. 特别满意
B. 比较满意
C. 不太满意
D. 很不满意

23. A. 太夸张
B. 完全不对
C. 很准确
D. 很幽默

24. A. 夸奖
 B. 批判
 C. 埋怨
 D. 责怪

25. A. 他们的工作快完成了
 B. 他们的工作完成了一半
 C. 他们的工作进展得很顺利
 D. 他们的工作进展得不太顺利

26. A. 送钱不好,应该送礼物
 B. 500块钱的礼物够了
 C. 500块钱的礼物不够
 D. 送500块钱太少了

27. A. 考试的结果不好
 B. 考试的结果很好
 C. 考试结果月底不一定能知道
 D. 月底能知道考试结果

28. A. 恋人
 B. 夫妻
 C. 同学
 D. 同事

29. A. 晚上有雨,男的不能去看比赛
 B. 晚上有雨，男的在家看比赛
 C. 晚上女的想看电视剧
 D. 晚上女的先看比赛，再看电视剧

30. A. 好久不见面，很多老同学他都忘了
 B. 虽然好久不见面,但他不会忘了
 C. 他经常能见到老同学
 D. 他记不清女的是谁了

31. A. 女的送的生日礼物很好
 B. 谢谢女的送的生日礼物老同学
 C. 让女的花钱买礼物,他不好意思
 D. 女的买的生日礼物太贵了

32. A. 很顺利
 B. 非常不顺利
 C. 还可以
 D. 不想提出差的事

33. A. 他没见过小李的对象
 B. 他觉得小李的对象不好
 C. 他觉得小李能跟他的对象结婚
 D. 他觉得小李不一定跟他的对象结婚

34. A. 想知道工作计划是谁定的
 B. 工作计划不是他定的
 C. 他是同意这个工作计划的
 D. 他确实不同意这个工作计划

35. A. 女的明天想去医院看眼睛
 B. 男的明天想去医院看眼睛
 C. 女的想知道王大夫哪天上班
 D. 男的想让王大夫看眼睛

第三部分

36. A. 抽烟有好处也有坏处
B. 抽烟都是坏处
C. 抽烟只有一个好处
D. 抽烟只有一个坏处

37. A. 去吃饭
B. 买酒
C. 买药
D. 买烟

38. A. 抽烟以后常常不想吃饭
B. 抽烟以后常常不想睡觉
C. 抽烟抽得很厉害
D. 开始戒烟了

39. A. 价钱
B. 时间
C. 效果
D. 在哪儿可以买到

40. A. 爱好
B. 业余生活
C. 工作情况
D. 学习情况

41. A. 上网
B. 看电影
C. 读书
D. 听广播

42. A. 看电视
B. 喝茶聊天
C. 读书
D. 听广播

43. A. 听广播
B. 看电影
C. 读书
D. 看电视

44. A. 4个
B. 3个
C. 2个
D. 1个

45. A. 没有任何关系
B. 有一点关系
C. 有密切的关系
D. 不清楚

46. A. 家里
B. 朋友家
C. 王府井
D. 书店

47. A. 小李
B. 小王
C. 张老师
D. 马小清

48. A. 小李
B. 小王
C. 张老师
D. 马小清

49. A. 散步的几种方式
B. 吃饭以后应该散步
C. 散步的最佳时间
D. 饭后散步可以减肥

50. A. 15分钟
B. 20分钟
C. 45分钟
D. 两个小时

Cíhuì zǒngbiǎo
词汇总表

A

A	爱情	(名)	àiqíng	4
	安排	(动、名)	ānpái	3
	安心	(形)	ānxīn	3

B

B	掰	(动)	bāi	5
	拜年		bài nián	5
	扳	(动)	bān	6
	宝库	(名)	bǎokù	10
	保护	(动)	bǎohù	1
	保修	(动)	bǎoxiū	6
	被	(介)	bèi	1
	笔记	(名)	bǐjì	3
	避暑		bì shǔ	10
	遍地	(名)	biàndì	8
	博物馆	(名)	bówùguǎn	10
	薄	(形)	báo	7
	布置	(动)	bùzhì	2

C

C	残留	(动)	cánliú	10
	柴	(名)	chái	9
	场所	(名)	chǎngsuǒ	1

超前	（动）	chāoqián	4
称呼	（动、名）	chēnghu	4
虫子	（名）	chóngzi	6
崇拜	（动）	chóngbài	8
崇高	（形）	chónggāo	10
醋	（名）	cù	5

D

打猎		dǎ liè	9
打印机	（名）	dǎyìnjī	2
戴	（动）	dài	2
地道	（形）	dìdao	1
地质	（名）	dìzhì	8
电池	（名）	diànchí	6
毒药	（名）	dúyào	3

F

发达	（形）	fādá	8
繁多	（形）	fánduō	8
丰收	（动）	fēngshōu	5
符号	（名）	fúhào	8
富余	（动、名）	fùyu	5

G

改革	（动、名）	gǎigé	7
感情	（名）	gǎnqíng	4
高超	（形）	gāochāo	9
工具	（名）	gōngjù	6
骨折	（动、名）	gǔzhé	3
观念	（名）	guānniàn	8
桂花	（名）	guìhuā	5

J

机器	（名）	jīqì	5
集中	（动）	jízhōng	7
祭祀	（动）	jìsì	10
讲究	（动、形）	jiǎngjiu	1
交往	（动）	jiāowǎng	9
结合	（动）	jiéhé	9
结实	（形）	jiēshi	2
结业证	（名）	jiéyèzhèng	5
禁止	（动）	jìnzhǐ	1
精美	（形）	jīngměi	7
景观	（名）	jǐngguān	10
菊	（名）	jú	8

K

开放	（动）	kāifàng	7
可惜	（副、形）	kěxī	9
苦	（形）	kǔ	1
快门	（名）	kuàimén	6
葵花	（名）	kuíhuā	9
扩大	（动）	kuòdà	10

L

兰花	（名）	lánhuā	8
理	（动）	lǐ	7
例子	（名）	lìzi	4
莲	（名）	lián	8
恋爱	（动、名）	liàn'ài	4
邻居	（名）	línjū	4
零件	（名）	língjiàn	6

	流行	（动、形）	liúxíng	8
	漏	（动）	lòu	6
	录像机	（名）	lùxiàngjī	2
	驴	（名）	lǘ	7
	轮胎	（名）	lúntāi	6
M	麻	（形）	má	1
	埋	（动）	mái	5
	梅	（名）	méi	8
	庙会	（名）	miàohuì	5
	灭亡	（动）	mièwáng	5
	名副其实		míng fù qí shí	1
	墓地	（名）	mùdì	10
N	难为情	（形、动）	nánwéiqíng	4
	闹铃	（名）	nàolíng	6
	纽扣	（名）	niǔkòu	6
P	排行	（动）	páiháng	2
	判断	（动、名）	pànduàn	8
	泡	（动）	pào	9
	配	（动）	pèi	9
	脾气	（名）	píqi	4
Q	旗袍	（名）	qípáo	9
	亲密	（形）	qīnmì	2
	亲戚	（名）	qīnqi	2

	区别	（动、名）	qūbié	2
	去世	（动）	qùshì	9
	确定	（动）	quèdìng	4
	群众	（名）	qúnzhòng	7
R	入侵	（动）	rùqīn	10
S	仨	（数）	sā	2
	善良	（形）	shànliáng	5
	赏	（动）	shǎng	5
	上帝	（名）	shàngdì	3
	上门		shàng mén	6
	烧	（动）	shāo	4
	稍微	（副）	shāowēi	6
	生鱼片	（名）	shēngyúpiàn	1
	省会	（名）	shěnghuì	7
	石碑	（名）	shíbēi	10
	实践	（动、名）	shíjiàn	1
	侍从	（名）	shìcóng	9
	收藏	（动）	shōucáng	10
	手艺	（名）	shǒuyì	2
	首都	（名）	shǒudū	3
	摔	（动）	shuāi	3
	甩干		shuǎigān	6
	丝绸	（名）	sīchóu	10
	死神	（名）	sǐshén	3
	寺庙	（名）	sìmiào	10
	酸	（形）	suān	1

	蒜	（名）	suàn	5
	碎	（形、动）	suì	7
T	烫	（形）	tàng	7
	天真	（形）	tiānzhēn	2
	同时	（名）	tóngshí	3
	涂改	（动）	túgǎi	8
W	外表	（名）	wàibiǎo	4
	文物	（名）	wénwù	10
X	吸收	（动）	xīshōu	7
	咸	（形）	xián	1
	相册	（名）	xiàngcè	2
	香	（形）	xiāng	1
	响亮	（形）	xiǎngliàng	8
	削	（动）	xiāo	7
	谐音	（动）	xiéyīn	5
	卸	（动）	xiè	6
	形式	（名）	xíngshì	9
	性格	（名）	xìnggé	4
	姓氏	（名）	xìngshì	8
Y	眼镜	（名）	yǎnjìng	2
	养病	（动）	yǎngbìng	3
	舀	（动）	yǎo	9
	遗址	（名）	yízhǐ	10
	译音	（名）	yìyīn	8

意外	(形)	yìwài	10
勇敢	(形)	yǒnggǎn	9
幽雅	(形)	yōuyǎ	9
有意	(动)	yǒuyì	3
玉	(名)	yù	7
园林	(名)	yuánlín	10
原料	(名)	yuánliào	7

Z

扎	(动)	zhā	6
蘸	(动)	zhàn	5
招待	(动)	zhāodài	4
争	(动)	zhēng	3
政治	(名)	zhèngzhì	10
织补	(动)	zhībǔ	6
直接	(形)	zhíjiē	4
职称	(名)	zhíchēng	8
职务	(名)	zhíwù	8
至少	(副)	zhìshǎo	3
制作	(动)	zhìzuò	7
终点站	(名)	zhōngdiǎnzhàn	3
种子	(名)	zhǒngzi	10
粥	(名)	zhōu	5
着火		zháo huǒ	4
自私	(形)	zìsī	4
字画	(名)	zìhuà	2
粽子	(名)	zòngzi	5
座位	(名)	zuòwèi	3